In dieser Reihe sind
bisher erschienen:

Richtig Badminton
Richtig Basketball
Richtig Carven
Richtig Fitness-Skating
Richtig Fußball
Richtig Golf
Richtig Golf länger und genauer
Richtig Golf rund ums Grün
Richtig Inline-Skating
Richtig Jogging
Richtig Kanufahren
Richtig Karate
Richtig Marathon
Richtig Mountainbiken
Richtig Muskeltraining
Richtig Paragliding
Richtig Reiten
Richtig Rennradfahren
Richtig Schwimmen
Richtig Segeln
Richtig Skitouren
Richtig Snowboarding
Richtig Sportklettern
Richtig Stretching
Richtig Teakwondo
Richtig Tanzen Lateinamerikanische Tänze
Richtig Tanzen Standardtänze
Richtig Tanzen Modetänze
Richtig Tauchen
Richtig Tennis
Richtig Tennistraining
Richtig Tischtennis
Richtig Torwarttraining
Richtig Volleyball
Richtig Walking
Richtig Yoga

NUMMERDOOR
4
9
1

BLV SPORTPRAXIS TOP

RICHTIG

Peter Meyndt
Dieter Beutelstahl

Volleyball

blv

Die deutsche Bibliothek -
CIP-Einheitsaufnahme

Ein Titeldatensatz für diese Publikation ist bei Der Deutschen Bibliothek erhältlich

Peter Meyndt, Jahrgang 1954, früherer Bundesligaspieler und -trainer, ist seit zehn Jahren als Landestrainer des Bayerischen Volleyball-Verbandes tätig. Er zeichnet verantwortlich für das gesamte sportliche Konzept, die Trainerausbildung und Lehrerfortbildung. Der Diplomsportlehrer und Diplomtrainer ist Mitautor mehrerer Bücher und Autor vieler Fachbeiträge.
Dieter Beutelstahl ist Sportlehrer und Dozent und leitet das Fachgebiet Volleyball an der sportwissenschaftlichen Fakultät der Technischen Universität München. Er war jahrelang aktives Mitglied der Volleyball-Nationalmannschaft und zwei Jahre Bundestrainer der Junioren. Er ist Autor mehrerer Bücher und vieler Fachbeiträge.

Lektorat: Marianne Heilmannseder
Layoutkonzeption: Parzhuber & Partner
Layout und DTP: Gaby Herbrecht, München
Herstellung: Rosemarie Schmid
Druck: Appl, Wemding
Bindung: Conzella, Urban Meister, München

Gedruckt auf chlorfrei gebleichtem Papier

Printed in Germany · ISBN 3-405-16139-8

Bildnachweis:
Alle Fotos von Ulli Seer, außer:
Sportimage: S. 2, 6, 7, 44, 56, 78, 85, 97, 121, 122
Bongarts/A. Hassenstein: S. 5, 11
Bongarts/A. Rent: S. 51

Grafik: Jörg Mair

Umschlagfotos: Bongarts/A. Hassenstein (Vorderseite)
Bongarts/L. Bongarts (Rückseite)
Umschlaggestaltung: Joko Sander Werbeagentur, München

FIVB
2
RIGAUX

Vorwort

In unserer bewegungsarmen Gesellschaft bietet Volleyball neben dem rein körperlichen Trainingseffekt durch den Mannschafts- und Spielcharakter und die Möglichkeit, diese Sportart sowohl indoor als auch outdoor sowie geschlechts- und altersspezifisch übergreifend zu betreiben, pädagogische, psychische und soziale Erfahrungen.

Volleyball – ein sehr athletisches Spiel

Teamfähigkeit, Kooperationsfähigkeit, Stressresistenz, Konfliktfähigkeit, Konzentrationsfähigkeit, Frustrationstoleranz, alles Fähigkeiten, denen auch in der Arbeitswelt Bedeutung zukommt, werden durch das Volleyballspiel entwickelt und gefördert.

Nicht zuletzt wegen der geringen Verletzungsgefahr durch den fehlenden Körperkontakt, dem Spiel von Gruppen mit- und gegeneinander ohne Rücksicht auf Leistungsvermögen, Alter und Geschlecht ist Volleyball mit Abstand die am meisten betriebene Sportart auf der Welt. Als einzige Ballsportart ist Volleyball bei den Olympischen Spielen vierfach repräsentiert (Halle männlich, weiblich und Beach männlich, weiblich).

Neben Beach- und Hallenvolleyball werden heute Snow-, Park- und Wasservolleyball vor allem im Freizeitbereich mit wachsender Begeisterung gespielt. Um spielen zu können braucht man einen Ball und ein Netz (Leine, Schnur), das zwischen zwei Bäumen im Garten, im Park, am Strand gespannt wird, sowie einen Partner – und schon kann es losgehen.

Freizeitanlagen, Campingplätze, Hotels am Strand und in den Bergen bieten Sportbegeisterten mindestens ein Spielfeld an, um ihren Lieblingssport auch im Urlaub betreiben zu können. Je besser man das Volleyballspiel beherrscht, desto gefragter ist man am Strand, auf den Freizeit- oder Hotelanlagen. Soziale Kontakte entwickeln sich so viel leichter, das Selbstwertgefühl steigt.

Nicht zuletzt diese positiven Urlaubserlebnisse führen zu dem Wunsch, noch besser zu werden. Einen möglichen Weg, sich durch motivierende Übungs- und Spielformen vom Anfänger zum

Könner zu entwickeln, will dieses Buch aufzeigen. Hier werden im technischen, taktischen, koordinativen, konditionellen und psychischen Bereich alle notwendigen Formen vom Freizeit- bis zum Leistungsvolleyballer Halle und Beach aufgezeigt. Eine grundlegende These dieses Buches ist, dass Beach- und Hallenvolleyball nicht wie im Hochleistungsbereich als zwei verschiedene Sportarten behandelt, sondern als Einheit gesehen werden.

Das Volleyballspiel kann sowohl in der Halle als auch im Freien erlernt werden. Wenn sich ein Spieler in der Halle verbessert, so ist er mit Sicherheit auch ein besserer Beachspieler und umgekehrt. Das beste Beispiel ist Karch Kiraly. Er lernte Volleyball am Strand, wurde dann mit der USA-Mannschaft Olympiasieger in der Halle und kehrte wieder zum Beachvolleyball zurück, wo er ebenfalls die olympische Goldmedaille gewann.

Die Faszination des Beachvolleyballspiels

Ausrüstung Halle 1–2, Ausrüstung Beach 3–4

Trainingsanzug, leichte Sportschuhe mit rutschfester Sohle

Trikot kurz- oder langärmelig, kurze Sporthose, Knieschoner, Volleyballschuhe

Trägerhemd, Bermudashorts, Füßlinge (Socks), Sportkappe, Sonnenbrille

Kurze Hose, Bustier, Sonnenbrille

Das Spielfeld

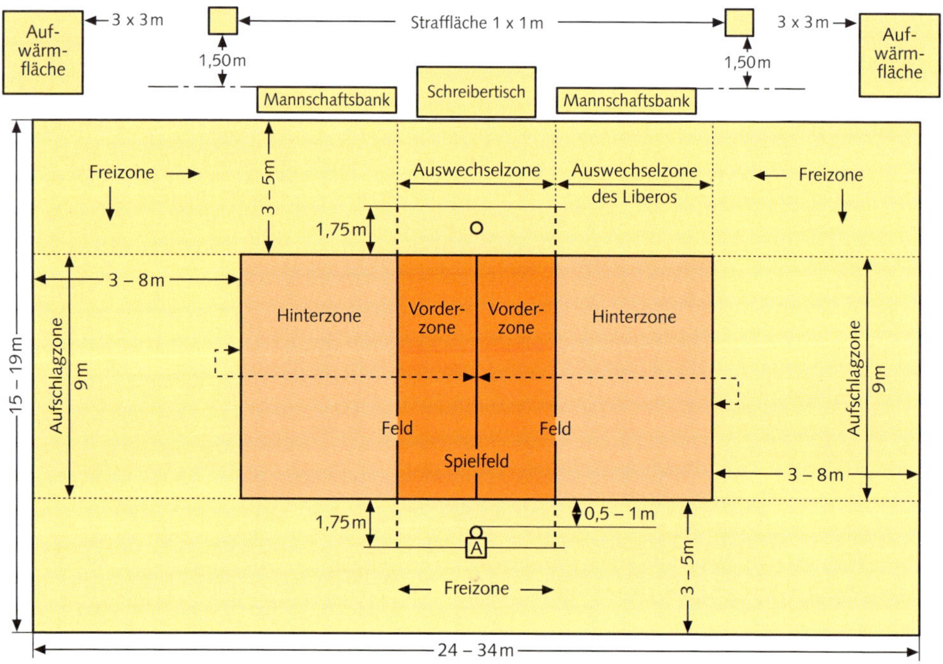

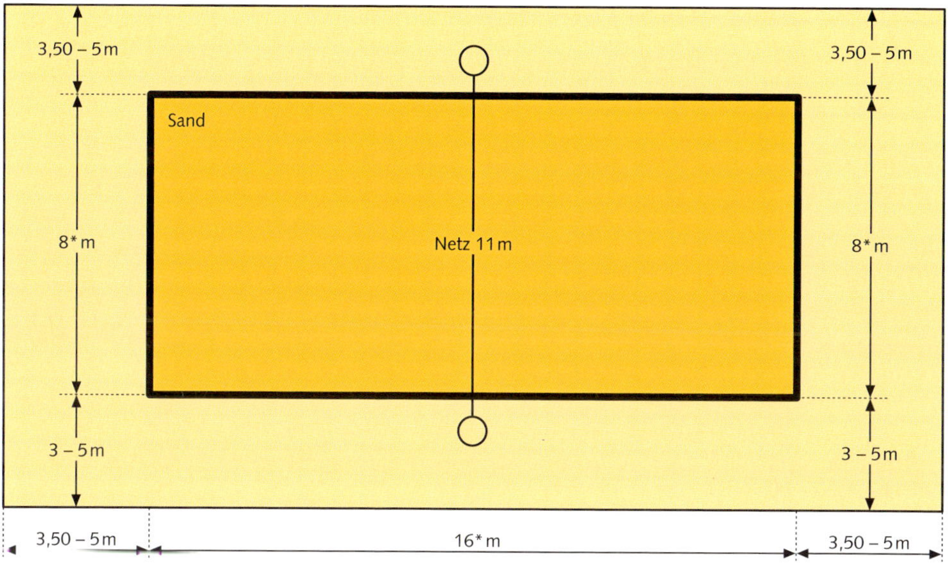

* Spielfeldmaße als Test für 2001: 8 x 8m
s. Offizielle Beachvolleyball Spielregeln, 3. Auflage 2001

Oben: Spiefeldmaße

Die Bälle: Links: Halle (international)

Mitte: Halle (national)

Rechts: Beach (national und international)

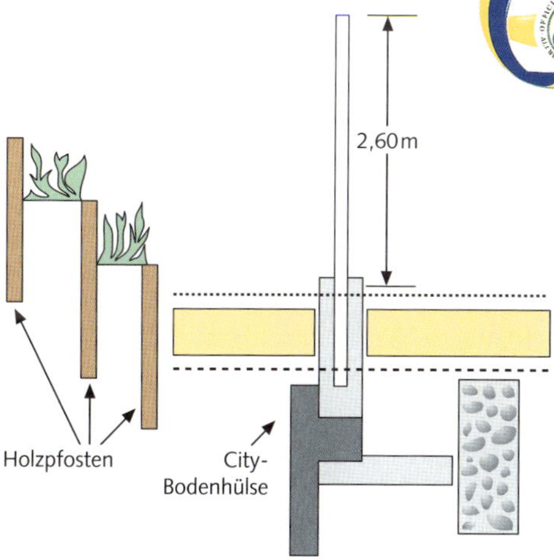

Befestigung der Netzpfosten Beach

Geschichtlicher Rückblick

Entwicklung des Hallenvolleyballspiels

Das 1885 von W. G. Morgan erfundene Spiel hat sich im Lauf der Jahre immer weiter entwickelt. Von der Ursprungsform ist nur noch der Spielgedanke erhalten geblieben. Morgan betrachtete das Volleyballspiel als Freizeitausgleich für Berufstätige und Studenten.
Die Verbreitung des Volleyballspiels vor dem zweiten Weltkrieg ging nur zögerlich vonstatten. 1928 wurde die United States Volleyball Association gegründet. Der Präsident des Verbands erwarb sich große Verdienste um die Verbreitung und Propagierung des Volleyballspiels in den USA und anderen Ländern. In den 30er-Jahren des 20. Jahrhunderts wurde der Volleyballsport von immer mehr Nationen betrieben. Als logische Konsequenz wurde 1934 in Stockholm der erste Internationale Volleyball Verband, als Unterausschuss des Internationalen Handballverbands, gegründet.
Nach dem zweiten Weltkrieg, 1947, entschieden sich die Mitglieder für einen eigenständigen Volleyball-Weltverband (FIVB). Ab 1949 fanden alle zwei Jahre Europameisterschaften und alle vier Jahre Weltmeisterschaften statt. 1951 entstand der Volleyball-Fachverband der DDR, vier Jahre später wurde der Deutsche Volleyball Verband (DVV) gegründet. Seit 1964 zählt Volleyball zu den olympischen Sportarten.
In den 70er-Jahren des vergangenen Jahrhunderts schließlich entwickelte sich das Volleyballspiel dank der errungenen Erfolge (Weltmeisterschaft 1970 und zweiter Platz bei der Olympiade 1972) zu einer der führenden Sportarten in den neuen Bundesländern. Große Freiluftturniere mit ausländischen Mannschaften, Deutsche Meisterschaften und nicht zuletzt die Olympischen Spiele in München 1972 ließen das Volleyballspiel auch in den alten Bundesländern zu einer der meistbetriebenen Ballsportarten werden.

Volleyball, das indoor (Halle) und outdoor (im Sand, auf Rasen, im Schnee, im Wasser etc.) gespielt werden kann und im Freizeitbereich keine Grenzen kennt (Geschlecht, Alter, technisches Können, konditionelle Voraussetzungen etc.), ist heute die beliebteste Sportart weltweit.

Entwicklung des Beachvolleyballspiels

Das Sportspiel Beachvolleyball wurde erstmals in den 1920er-Jahren an den Stränden von Santa Monica in Kalifornien (USA) gespielt. Zunächst 6 gegen 6, dann 4 gegen 4; erst ab 1930

entwickelte sich die heutige Form 2 gegen 2. 1948 fand das erste Turnier in Kalifornien statt. Fortan verbreitete sich das Beachvolleyballspiel weltweit.
Auch die FIVB (Internationaler Volleyball Verband) hat die große Popularität des Beachvolleyballspiels erkannt und 1990 die Turniere der Beachvolleyball World Series ins Leben gerufen. 1996 fand erstmals ein olympisches Turnier im Beachvolleyball der Männer und Frauen in Atlanta statt. Im Verlauf der nächsten Jahre etablierte sich dieser Trend- und Funsport als anerkannte Sportart mit festen Wettkampfstrukturen in allen Ländern. Weltmeisterschaften und Turniere der World Series fanden überaus große Resonanz bei Zuschauern, Medien und Sponsoren. Bei den Olympischen Spielen 2000 in Sydney stand Beachvolleyball in der Popularität und Beliebtheitsskala ganz weit oben. Das deutsche Nationalduo Jörg Ahmann/ Axel Hager errang sensationell die Bronzemedaille; Oliver Oetke (TSV Grafing) belegte mit seinem Partner Andreas Scheuerpflug den 19. Platz.
In Deutschland hielt Beachvolleyball im Jahr 1988 Einzug. Eine vom damaligen Bundestrainer Stelian Moculescu ins Leben gerufene Serie von Turnieren im Rahmen des Beach Cup 88 gewann erste Anhänger für diese hier zu Lande neue Sportart. Die erste organisierte Wettkampfstruktur gibt es in Deutschland seit 1989 (German Beachvolleyball Agency GmbH). 1990 nahmen erstmals zwei deutsche Herrenmannschaften an Turnieren der World Series in Frankreich und Italien teil. Die erste deutsche Damenmannschaft spielte 1992 bei einem Turnier dieser Serie mit.

Jörg Ahmann und Axel Hager, die Bronzemedaillengewinner von Sydney 2000

1992 übernahm der DVV die Organisation der Beachvolleyballturniere in Deutschland. Es fanden sechs Herren- und drei Damenturniere statt, die als offizielle Ranglistenturniere ausgeschrieben waren. Zum Ende der Serie nahmen die besten 16 Herren- und die besten 13 Damenmannschaften der aktuellen Rangliste an der ersten Deutschen Beachvolleyball-Meisterschaft teil. In den folgenden Jahren erkämpfte sich die Masters-Serie in Deutschland, unterstützt von der Hamburger Agentur MNP, einen führenden Platz im Sportkalender. Die besten Beachvolleyballer Deutschlands treffen sich seitdem jährlich zu den Deutschen Meisterschaften am Timmendorfer Strand.

Spielgedanke und Spielregeln

Spielgedanke – Halle

Zwei Mannschaften von je 6 Spielern (mit maximal 6 Auswechselspielern) stehen sich in 2 Feldern von je 9 x 9 m gegenüber. Der Ball wird durch den Aufschlag in das Spiel gebracht. Nach höchstens 3 Ballberührungen innerhalb einer Mannschaft muss der Ball über das Netz zwischen den beiden Antennen zur gegnerischen Mannschaft gespielt werden mit dem Ziel, ihn auf den Boden des gegnerischen Feldes zu bringen bzw. einen Fehler der gegnerischen Mannschaft zu provozieren. Der Ball darf mit allen Körperteilen gespielt werden, allerdings nicht zweimal hintereinander vom gleichen Spieler (der 1. und 3. Kontakt sind erlaubt).

Hallenvolleyballregeln

Teams: Ein Team besteht höchstens aus 6 Stammspielern, 1 Libero (Kannbestimmung) und 5 oder 6 (ohne Libero) Auswechselspielern.

Libero: Die Festlegung des Liberos gilt für das ganze Spiel. (Ausnahme: Ein verletzter Libero darf durch einen anderen Spieler ersetzt werden; ein Rückwechsel ist dann nicht mehr erlaubt, er muss bis zum Spielende Libero bleiben.) Er muss sich im Trikot von der Mannschaft unterscheiden und eine Nummer haben.
Er darf nur als Hinterspieler agieren. Er darf nicht aufschlagen oder blocken.
Er darf beliebig oft für jeden Rückraumspieler ein- oder ausgewechselt werden, allerdings muss mindestens ein Spielzug zwischen zwei Auswechselungen sein. Er darf weder aus der Vorder- noch aus der Hinterzone den Ball angreifen, sofern sich dieser über der Netzkante befindet. Er darf aus der Hinterzone sowohl dem Angreifer in der Vorderzone als auch dem Rückraumangreifer den Ball zuspielen; wenn er aus der Vorderzone zuspielt, darf der Angriff – egal von wo – nicht oberhalb der Netzkante ausgeführt werden.

Aufstellung: Jeder Vorderspieler muss zumindest mit einem Teil seines Fußes der Mittellinie näher sein als die Füße des jeweiligen Hinterspielers (Pos. IV vor V, III vor VI, II vor I). Bei jedem rechten oder linken Spieler muss zumindest ein Teil seines Fußes der rechten bzw.

Die Rotationsfolge

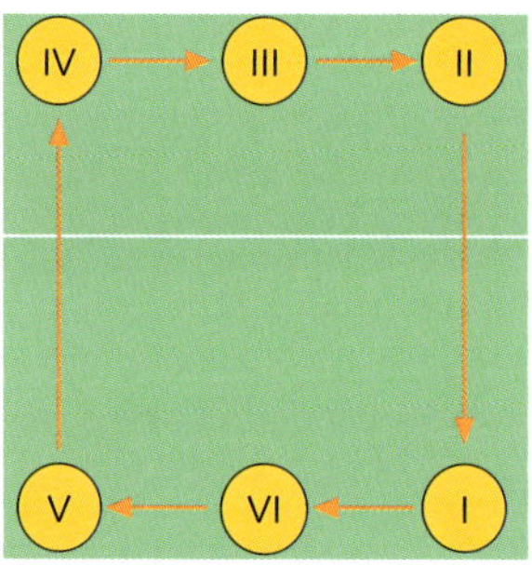

Netzhöhen und Spielfeldmaße – Halle						
Spielfeld	BVV 6 x 2 m; DVJ 6 x 12 und 7 x 14 m					
Netzhöhe	Herren:	2,43 m	Damen:	2,24 m	Spiel:	6 gegen 6
	Jugend A:	2,43 m		2,24 m		6 gegen 6
	Jugend B:	2,35 m		2,20 m		6 gegen 6
	Jugend C:	2,24 m		2,15 m		6 gegen 6
	Jugend D:	2,15 m		2,10m		3 gegen 3 (BVV) 4 gegen 4 (DVJ)
	Jugend E:	2,10 m		2,10 m		2 gegen 2 (BVV) 3 gegen 3 DVJ
Spielball	Mikasa 2000/2001 oder Molten (bunt) Umfang 65-67 cm; Gewicht 260-280 g; Innendruck 294,3-318,82 mbar					

linken Seitenlinie näher sein als die Füße des Mittelspielers der entsprechenden Reihe (Pos. IV links von III und II, Pos. V links von VI und I). Nach dem Aufschlag dürfen die Spieler ihre Positionen verlassen und jeden beliebigen Platz auf dem Spielfeld einnehmen.

Zählweise: Rally-Point-System (jeder Fehler zählt als Punkt, wer den Punkt gewinnt, erhält das Aufschlagrecht); 3 Gewinnsätze bis 25 Punkte, 5. Satz bis 15 Punkte (jeweils 2 Punkte Vorsprung).

Seitenwechsel: Nach jedem Satz und während des 5. Satzes nach dem Erreichen des 8. Punktes (ohne Pause); die Pausen zwischen den Sätzen betragen 3 Min.

Auszeiten: 2 Auszeiten pro Satz und Mannschaft; Dauer 30 Sek.

Netzberührung: Der Ball darf immer das Netz berühren (auch beim Aufschlag); die Spieler dürfen das Netz nicht berühren.

Übertreten: Ein Übertreten der Mittellinie ist nicht erlaubt (das Betreten oder ein Übertreten der Mittellinie außerhalb des Netzes bzw. Spielfeldes ist erlaubt).

Aufschlag: Er muss mit dem ersten Anwerfen des Balles erfolgen; die Zeit für die Aufschlagausführung beträgt 8 Sek.

Annahme: Im Oberen und Unteren Zuspiel erlaubt.

Angriff: Die Vorderspieler dürfen aus der Vorderzone, die Hinterspieler nur wenn sie aus der Hinterzone abspringen (hinter der 3-m-Linie) angreifen.

Block: Eine Blockberührung wird nicht als Ballberührung gewertet (die Mannschaft hat nach der Blockberührung Anspruch auf 3 Schläge, um den Ball zurückzuspielen). Eine Blockaktion darf nur von den Vorderspielern (Spieler aus der Vorderzone) ausgeführt werden.

Abwehr: Alle Bälle dürfen im Oberen und Unteren Zuspiel abgewehrt werden (Fangen und Werfen sind nicht erlaubt).

Netzhöhen und Spielfeldmaße – Beach	
Spielfeld	8 x 16 m (früher 9 x 18 m) Sandspielfeld mit ca. 40 cm Sandtiefe; jeweils 3 m (international 5 m) Sandfläche um das Spielfeld
Netzhöhe	Herren: 2,43 m, Damen: 2,24 m, Jugend: wie Halle
Spielball	Mikasa Beach Champ VLS 200 (bunt)

Spielgedanke – Beach

Der Spielgedanke Beach ist identisch mit dem der Halle, allerdings stehen sich 2 Mannschaften von je 2 Spielern (ohne Auswechselspieler) in 2 Feldern von je 8 x 8 m gegenüber.

Beachvolleyballregeln

Teams: Ein Beachvolleyballteam besteht aus 2 Spielern; es gibt keine Auswechselspieler.
Aufstellung: Die Spieler können sich bei gegnerischem Aufschlag auf dem Feld aufstellen, wo sie wollen (kein Aufstellungsfehler, keine Rotations- bzw. Positionsregeln). Es gibt keine Vorder- und Hinterzone.
Zählweise: Rally-Point-System; 2 Gewinnsätze bis 21 Punkte, 3. Satz bis 15 Punkte (jeweils 2 Punkte Vorsprung).
Spielmodus: Double-Out-System oder Gruppenspiele.
Schiedsgericht: Es wird durch spielfreie Spieler gestellt bzw. durch lizenzierte Beachvolleyball-Schiedsrichter.
Seitenwechsel: Ohne Pause nach jeweils 8-10 gespielten Punkten (je nach Ausschreibung).
Satzpause: 1 Min.
Auszeiten: Zwei Auszeiten à 30 Sek. pro Team und Satz.
Netzberührung: Der Ball darf immer das Netz berühren (auch beim Aufschlag); die Spieler dürfen das Netz nicht berühren.
Übertreten: Ein Übertreten der Mittellinie (unter dem Netz oder seitlich vom Netz) ohne Behinderung des Gegners ist erlaubt.
Aufschlag: Es gibt eine Aufschlagreihenfolge. Bei Punktgewinn des aufschlagenden Teams behält der Aufschlagspieler das Aufschlagrecht. Nach Verlust und bei Wiedergewinn des Aufschlagrechts erhält der zweite Spieler das Aufschlagrecht (Wechsel des Aufschlagrechts innerhalb des Teams). Der Aufschlag kann auf der gesamten Breite der Grundlinie ausgeführt werden
Annahme: Ist im oberen Zuspiel nicht erlaubt. Hilfstechniken und unteres Zuspiel sind erlaubt.
Zuspiel (oben): Der Ball darf mit dem Oberen Zuspiel nur dann zum Gegner gespielt werden, wenn sich die Schulter- und Hüftachse im rechten Winkel zur Ab-

spielrichtung befindet; kein Fehler bei Zuspielabsicht (wenn der 2. Ball über das Netz geht).

Angriff: Ein Lob (Spielen des Balles mit offener Hand) ist nicht erlaubt.

Block: Eine Blockberührung zählt als erste Ballberührung. Der Blockspieler darf den Ball auch direkt ein zweites Mal spielen, dies zählt als 2. Ballberührung. Mit der 3. Ballberührung (vom zweiten Spieler) muss der Ball ins gegnerische Feld gebracht werden. Es gibt keinen gehaltenen Ball zweier gegnerischer Blockspieler.

Abwehr: Sehr hart geschlagene Bälle dürfen mit einer offenen Handabwehrhaltung gespielt werden (Beach Dig). Leicht geschlagene Bälle müssen mit Unterem Zuspiel und Hilfstechniken abgewehrt werden.

Spielphasen

In einem Volleyballspiel lassen sich zwei typische Spielphasen erkennen, die im Spielverlauf ständig wiederkehren: der Komplex I (K I) und der Komplex II (K II).

Der Komplex I (im Beachvolleyball Side Out Phase) kennzeichnet die Spielphase Annahme – Zuspiel – Angriff – Angriffsicherung. Hierbei zählt jeder verlorene Punkt als so genannter Minibreak für den Gegner. Dieser Komplex kann als offensiver Komplex betrachtet werden.

Links: Komplex I – Annahme, Zuspiel, Angriff
Unten: Komplex II – Block, Feldabwehr

Komplex I – Annahme, Zuspiel, Angriff

Wenn der Ball mit dem ersten Angriff nicht »getötet« wird, spricht man von einem verlängerten K I.
Im Komplex II (K II) spielt die Mannschaft, die den Aufschlag hat, und versucht durch den Block und die Feldabwehr den Angriff der gegnerischen Mannschaft abzuwehren, um danach über das Zuspiel zum Gegenangriff zu kommen. Dieser Komplex kann als defensiver Komplex (ohne Aufschlag) bezeichnet werden. (vgl. FROHREICH, 1992, S. 26)
Der Aufschlag zählt im Spitzenvolleyball zu den offensiven Elemente.

Komplex II – Block, Feldabwehr

Technik

Unter Techniktraining wird die systematische, anforderungsspezifische Optimierung des Bewegungsablaufs unter Berücksichtigung der konkreten Personen-, Aufgaben- und Umweltmerkmale verstanden. Die Zielsetzung dabei wird in folgender Reihenfolge umschrieben:

- Erlernen der Grundlagen der sportartspezifischen Techniken
- Erwerb desjenigen Beherrschungsgrades der sportlichen Technik, der dem biomechanischen Optimum entspricht
- Stabilität der Beherrschung der Technik
- Virtuosität der Technik
- Fähigkeit zur situationsgemäßen, variablen Anwendung der Techniken in den jeweils sportartspezifischen Bedingungen und Anforderungen

Grundstellung – Beach

Grundstellung – Halle

Grundstellung

- Schulterbreite Grätschschrittstellung
- Gewicht auf den Fußballen
- Knie leicht gebeugt
- Leichter Knick im Hüftgelenk
- Körperschwerpunkt zentral oberhalb der Beinachse
- Oberkörper leicht nach vorne geneigt
- Ellbogen schulterbreit angewinkelt und leicht vor der Körperlängsachse platziert
- Blick auf das Beobachtungsziel

Aus dieser Grundstellung heraus erfolgen nacheinander:

- Eine Wahrnehmungshandlung
- Die Entscheidung über die Anwendung der nächsten Technik
- Die Bewegung zur Spielstelle
- Die Technikausführung

Oberes Zuspiel

Struktur der Technik

- Bewegung der Arme nach oben in schulterbreiter Stellung.
- Daumen und Zeigefinger zeigen zur Stirn (Schüsselstellung).
- Winkelstellung zwischen Daumen und Arm beträgt 90°.

Spielen des Balles in Stirnhöhe

- Spielen des Balles in Stirnhöhe.

Der Impuls erfolgt über eine Streckung in Ballabspielrichtung; beim Abspielen des Balles sollte das Optimum aller einzelnen Streckbewegungen (Bein-, Knie-, Hüft- und Ellbogengelenk) zeitgleich erreicht werden; die Streckbewegungen klingen danach aus.

Bewegungsbeschreibung

Mittels des vorbereitenden Technikteils erreicht der Spieler die optimale Ausgangsposition für das Obere Zuspiel. Er senkt den Körperschwerpunkt durch Beugung der Fuß- und Hüftgelenke ab. Die Hände sind so geformt, dass sie den Ball umfassen, wobei die Finger elastisch gespannt sind.
Das Zuspiel erfolgt durch eine vorwärts/aufwärts gerichtete Streckung in allen Gelenken in Abspielrichtung. Die Ballberührung geschieht mit allen zehn Fingern, wobei der Hauptimpuls aus den Daumen kommt. Es gibt keine Amortisationsphase (kein Ansaugen des Balles, keine Vorbewegungen; direkt mit dem Ballkontakt beginnt die Streckung).

Nach der Ballberührung nimmt der Spieler die Grundstellung wieder ein.

Methodik

- Sowohl im Erwachsenen- als auch im Jugend-Anfängertraining sollte man keine langweiligen Übungen, sondern motivierende Spielformen anbieten.
- Der erste methodische Schritt ist immer der visuelle Zugang zur Technik und die gemeinsame Erarbeitung der Knotenpunkte. Die Spieler müssen die Knotenpunkte internalisieren, um das Idealbild der Technik immer vor dem inneren Auge zu haben.
- Mit Hilfe motivierender Spielformen und der Beachtung der einfachsten Trainingsprinzipien (vom Leichten zum Schweren, vom Einfachen zum Komplexen etc.) wird die Technik von den

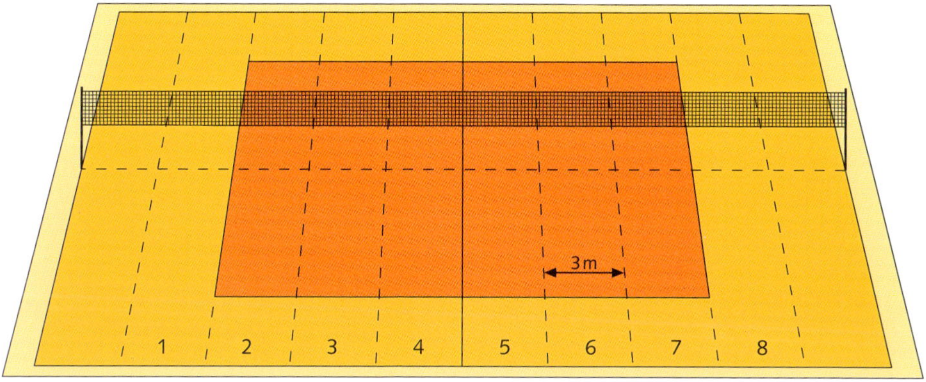

Langnetz mit Spielfeldern für Einfachsporthallen; dunkle Fläche = normales Volleyballfeld 9 x 18 m

Grundlagen bis zur Virtuosität erarbeitet.

- Das Spiel 1 gegen 1 in allen Variationen und Organisationsformen bietet eine gute Form zum Erlernen, Verbessern, Festigen und Stabilisieren der Grundtechniken.
- Beim Erlernen des Oberen Zuspiels sollte das Netz so hoch wie möglich gespannt werden, um den Spielern eine längere Reaktionszeit gewährleisten zu können.

Techniktraining unter erleichterten Bedingungen:

- Spiel 1 gegen 1 mit Fangen und Werfen; statt Aufschlag wird der Ball eingeworfen.
- Spiel 1 gegen 1 mit ankommendem Ball; fangen, hochwerfen und im Oberen Zuspiel über das Netz spielen.

Techniktraining unter standardisierten Bedingungen:

- Spiel 1 gegen 1 mit 1 Ballberührung.
- Spiel 1 gegen 1 mit 2 Ballberührungen (Kontrollpass und Ball über das Netz spielen; es ist nur das Obere Zuspiel erlaubt).
- Spiel 1 gegen 1 innerhalb zweier hintereinander liegender Spielfelder.
- Spiel 1 gegen 1 innerhalb zweier nebeneinander liegender Spielfelder.
- Spiel 1 gegen 1 mit 2 oder 3 Ballberührungen; der 2. bzw. 3. Ball wird im Sprung über das Netz gespielt.

Spiel 1 gegen 1

Erlernen des Oberen Zuspiels über Kopf:

- Spiel 1 gegen 1 mit Kontrollpass, 180° drehen, Oberes Zuspiel über Kopf.

Oberes Zuspiel:
① über Kopf
② mit Zusatzbällen

- Spiel 1 gegen 1 mit 1 oder 2 Zusatzbällen (Volleybälle, Medizinbälle etc.); diese werden vor dem oberen Zuspiel hochgeworfen und dann wieder gefangen.

Techniktraining unter erschwerten Bedingungen:

- Spiel 1 gegen 1 mit Kontrollpass, 360° drehen, Oberes Zuspiel vorwärts.
- Spiel 1 gegen 1 mit Kontrollpass, »Schuhplattler« und Oberes Zuspiel vorwärts über das Netz.

Oberes Zuspiel:
③ auf Kreisel und Medizinball stehend
④ – ⑤: mit Rolle vorwärts

- Spiel 1 gegen 1 mit Kontrollpass und zwingenden Zusatzaufgaben (rollen, setzen, drehen).

- Spiel 1 gegen 1 mit 2 Bällen; beide werden über das Netz im Oberen Zuspiel gespielt.

Bei allen Spielen wird der Ball durch ein Oberes Zuspiel oder durch einen Wurf ins Spiel gebracht.

Anwendung der Grundtechnik Oberes Zuspiel

Annahme

Zuspieltechnik

Abwehr

Anwendung Oberes Zuspiel – Halle

Neben dem frontalen Oberen Zuspiel gibt es noch weitere Technikformen, die sich aus dem Oberen Zuspiel heraus entwickelt haben: Oberes Zuspiel über Kopf, lateral, im Fallen, einhändig, als Annahme- und als Abwehrhandlung. Die häufigste Form ist die Zuspieltechnik im Oberen Zuspiel.

Zuspiel-technik – Halle

Schrittstellung:
Körperschwerpunkt weiter nach hinten verlagert (um den technischen Unterschied des Zuspiels nach vorne/hinten zu minimieren).
Die Arme sind gestreckt, der Kraftimpuls wird ausschließlich in den Händen/Fingern entwickelt.

Methodik

- Spiel 1 gegen 1 mit Zuspieler: Erlernen der Zuspieltechniken vorwärts.

① Spiel 1 gegen 1 mit Zuspieler

②–④ Festigung der Zuspieltechnik in Stand und Sprung

- Spiel 2 gegen 2: Erlernen der Beinarbeit (laufen, stehen, zuspielen).
- Spiel 2 gegen 2 mit 1 oder 2 Läufern: Erlernen der Zuspieltechniken vorwärts und rückwärts im Stand, dann im Sprung.
- Spiel 3 gegen 3 mit 1 oder 2 Läufern: Festigen der Zuspieltechniken vorwärts, rückwärts im Stand und im Sprung.
- Der Trainer wirft den Ball als »Dankeball« immer wieder auf die Seite, wo ein Punkt erzielt worden ist.
- Die Angreifer dürfen erst nur einen Sprungpass im Oberen Zuspiel, dann Lobs bzw. Drive-Angriffsschläge durchführen, um den Zuspielern genügend Wiederholungsmöglichkeiten zu geben.
- Spiel Zuspieler gegen Zuspieler: Der Angreifer steht auf einem Kasten und greift den zugespielten Ball als Kontroll-

aktion an (je 10 Bälle). Jeder perfekt gestellte Ball zählt 1 Punkt; ein Ball, der noch über das Netz gespielt werden kann, 0 Punkte und ein Fehler oder ein Ball, der nicht über das Netz gespielt werden kann, -1 Punkt. Festigung der Zuspieltechniken im Sprung unter besonderer Berücksichtigung der Zuspielpräzision.

Methodische Variationen

- Der Trainer wirft die Bälle direkt zum Zuspieler; er wirft den Ball zu einem annehmenden Spieler; Aufschlag auf einen annehmenden Spieler; hohe, halbhohe, schnelle Bälle über Position IV, III und II; alle Zuspielaktionen werden im Sprung durchgeführt.

Schulung des Zuspielers unter besonderer Berücksichtigung des peripheren Sehens:

- Spiel 2 Angreifer und 1 Zuspieler als Läufer gegen einen Blockspieler und einen Aufschlag-/Abwehrspieler.

2 Punkte, wenn der Angriff ohne Block erfolgt; 1 Punkt bei unvollständigem Block; 0 Punkte bei Ball-Blockberührung; -1 Punkt bei abgewehrtem Ball; -2 Punkte bei Punktgewinn Blockabwehr.

- Wie oben, jedoch 3 Angreifer und 1 Zuspieler als Läufer (Zählweise wie oben).
- Wie oben, allerdings 2 Blockspieler. Jeder erfolgreich abgeschlossene Angriff ohne Block zählt 3 Punkte.

5

6

7

Zuspiel unter erschwerten Bedingungen:
⑤ mit Theraband
⑥ mit Theraband und Zusatzball
⑦ Zuspieltraining in Stand und Sprung

Zuspieltechnik – Beach

▮ Wie zuvor, allerdings 3 Blockspieler, einer davon ist farblich gekennzeichnet (schlechter Blockspieler); er wechselt immer die Blockposition. Jeder erfolgreich abgeschlossene Angriff über den gekennzeichneten Spieler zählt 3 Punkte.

▮ Spiel 6 gegen 6 nach Tischtennisregeln. Nach je 5 Aufschlägen Wechsel der Läuferposition.

Annahme im Oberen Zuspiel

Im Unterschied zur Grundtechnik gilt hier:
Die Fingergelenke sind stärker fixiert.
Der Ballkontakt ist extrem kurz.
Es erfolgt keine maximale Streckbewegung gegen den Ball.

Methodik

▮ Jedes Spiel mit einem sehr weit vorne stehenden Annahmeriegel und die Spiele auf kleineren Spielfeldern (4 x 4, 5 x 5, 6 x 6 m) sind geeignet, diese Technik zu erlernen, zu festigen und zu perfektionieren.

▮ Wenn die Voraussetzungen ein spielerisches Erlernen der Techniken nicht erlauben, sollte unter Zuhilfenahme von Übungsformen schnellstmöglich dieses Anforderungsniveau erarbeitet werden.

Abwehr im Oberen Zuspiel

Körperschwerpunkt tiefer, Hände und Finger fixiert, keine Sreckbewegung gegen den Ball.

Anwendung Oberes Zuspiel – Beach

Die Zuspieltechniken im Beachvolleyball können unterteilt werden in verschiedene Techniken des Oberen und Unteren Zuspiels.

Wichtig:
Frühe Antizipation der Aufschlagsrichtung; schneller Lauf zum Zuspielort; vor der Ballberührung sicheren Stand oder beim Sprung im Kulminationspunkt das optimale Gleichgewicht erreichen.

Zuspieltechniken im Oberen Zuspiel

frontal

lateral

rückwärts

im Stand

im Sprung

im Fallen

Im Unterschied zum Hallenvolleyball gibt es bei den guten Beachvolleyballern eine Ansaug- oder Bremsphase des Balles vor dem Zuspiel. Der Ball wird sehr tief fallen gelassen, um einen längeren Beschleunigungsweg (mehr Zeit, den Ball exakt zu spielen, und mehr Zeit für den Annahmespieler für den anschließenden Angriff) zu haben.
Nachdem der Pass ausgeführt wurde, beobachtet der Zuspieler die Abwehrstrategie des Gegners und informiert seinen Angreifer per Zuruf über die optimale Angriffsrichtung und Angriffsart. Er sollte bereit sein, die Bälle, die vom gegnerischen Block abprallen, abzuwehren.
Je heftiger der Wind, desto kürzer muss die Flugphase des Balles sein, um dem Wind einen geringeren Einfluss auf die Flugbahn zu gestatten.
Ein Beachzuspiel ist nur dann regelkonform, wenn der Ball beide Hände des Zuspielers genau im selben Moment verlässt. Eine mehrfache Rotation des Balles ist ein Indiz für ein unkorrektes Zuspiel und wird sofort vom Schiedsrichter geahndet.
Kann der Zuspieler sich nicht mehr rechtzeitig in die Zielrichtung drehen oder liegt der Zuspielort zu dicht oder zu weit vom Netz entfernt, so wird lateral oder rückwärts zugespielt.
Eine spezielle Beachvolleyballtechnik ist das Obere Zuspiel im Fallen in den tiefen Kniestand, die weit häufiger als das Zuspiel mit Abrollen angewendet wird. Durch die Senkung des Körperschwerpunkts wird ein Zustand der optimalen Balance ohne Störungseinflüsse des unebenen Untergrunds eingenommen.

Methodik

- Mit Hilfe von Videos und Demonstrationen kann ein visueller Zugang zur Technik geschaffen werden.
- Daran schließt sich eine gemeinsame verbale Erarbeitung der Knotenpunkte an.
- In der Praxis sind dann die Vorerfahrungen vom Erlernen des Oberen Zuspiels umzusetzen.

Spielnahes Üben des Zuspiels unter vereinfachten Bedingungen:

- Die Spieler laufen von der linken und rechten Spielfeldseite und müssen den vom Trainer zugeworfen Ball zuspielen. Es werden nur die gelungenen Aktionen gezählt (Ziel: Wer erreicht als Erster 10 gelungene Aktionen).
- Spiel 1 mit 1 auf einem halben Spielfeld mit 2 Zuspielern (2-3 m vom Netz entfernt auf den angenommenen Ball warten).

Spielnahes Üben des Zuspiels unter standardisierten Bedingungen:

- Wie oben, die Zuspieler stehen jetzt 5-6 m vom Netz entfernt, laufen zum Zuspielort (spät, aber schnell) und spielen den Ball aus einem sicheren Stand zum Angreifer.
- Wie oben, allerdings wird jetzt gegeneinander gespielt.

1

- Spiel 1 gegen 1 mit Zuspieler, der am Netz steht und auf den Ball wartet. Es wird nur im Oberen Zuspiel gespielt.
- Lauf-Stopp-Spiele: Laufspiele von der linken und rechten Spielfeldseite; wenn die Bewegung gestoppt wird, muss der Körper im Gleichgewicht sein.

① **Lauf**
② **Sicherer Stand**
③ **Zuspiel**

2

3

- Spiel 2 mit 2 auf verschiedenen quadratischen Spielfeldern (6 x 6, 7 x 7, 8 x 8 m).
- Wie oben, jedoch Spiel gegeneinander; um das Ziel zu erreichen, wird der Ball vom Trainer in das Spiel geworfen oder der Aufschlag im oberen Zuspiel in das andere Spielfeld gespielt (es wird immer ein Angriff ohne Sprung durchgeführt).

Spielnahes Üben unter sich ständig verändernden Bedingungen:

- Aus 10 Aufschlägen wird die maximale Zahl von gelungenen Zuspielaktionen gezählt; dann Wechsel des Aufschlagrechts (es wird im Sprung angegriffen: Cuts, Pokes und Drive-Schläge).

- Spiel 2 gegen 2 nach Tischtennisregeln.

Spielnahes Üben unter erschwerten Bedingungen:

- Zuspieltraining unter zusätzlichen Schnelligkeits-, Kraft- (Thera-/Deuserband) und Ausdaueranforderungen.
- Spiel 2 gegen 2 mit 2, 4, oder 8 Zusatzbällen.

Spielnahes Üben unter psychischem Druck:

- Spiel 2 gegen 2, Spielstand 20 zu 20, unter dem Druck, gewinnen zu müssen.
- Spiel 2 gegen 2 mit Zusatzbällen, Thera- oder Deuserband und dem Druck, gewinnen zu müssen.

Annahme über Kopfhöhe

Diese Technik hat sich aus der Tomahawk-Abwehr (s. Abwehrtechniken) entwickelt.

Fehler und Fehlerkorrektur

Der Übungsleiter oder Trainer muss die ganze Zeit die Spielfelder beobachten,

① – ② Arm-Hand-Führung im Sitzen

um Fehler zu korrigieren. Mit ein oder zwei richtig geworfenen Bällen kann die Korrektur akzentuiert werden. Der Trainer sollte den Hauptfehler erkennen, dem Spieler aber nicht benennen, sondern ihm die Korrektur vorgeben. Wenn trotz aller Korrekturen fehlerhafte Ausführungen sehr oft vorkommen, sollte der Betreffende kurz aus dem Spiel genommen werden, um mit dem Trainer den richtigen Bewegungsablauf zu festigen und dann im Spiel umzusetzen.

③ Armfixierung zum »Spielbrett«

Beispiel:

Fehler in der Arm-Hand-Führung können durch die Schaffung von kinästhetischen Mustern des Bewegungsablaufs (Arm-Hand-Führung im Sitzen, im Kniestand) vermieden werden.

Unteres Zuspiel

Struktur der Technik

- Volleyballgrundstellung mit deutlicher Schrittstellung (linkes oder rechtes Bein).
- Die Arme sind als so genanntes »Spielbrett« fixiert (Schulterfixierung, Ellbogen gestreckt).

- Die Schultern sind nach vorne verschoben (Katzenbuckel).
- Der Winkel zwischen Oberkörper und Armen sollte maximal 90° betragen.
- Die Hände liegen fixiert ineinander (»Spielbrett«).

Bewegungsbeschreibung

Nach dem schnellen Erreichen des Spielorts mittels des vorbereitenden Technikteils wird das Untere Zuspiel durch die Fixierung des so genannten »Spielbretts« mittels der Arme vor dem Körper eingeleitet. Der Körperschwerpunkt wird leicht abgesenkt. Das »Spielbrett« sollte sich in beiden Bewegungsebenen senkrecht zur Abspielrichtung befinden. Bereits vor der eigentlichen Ballberührung beginnt die Vorwärts-Aufwärts-Bewegung des »Spielbretts« senkrecht zur Abspielrichtung. Die Bewegung setzt sich fort, während der Ball mit dem »Spielbrett« gespielt wird. Erst nachdem der Ball die Arme verlassen hat, darf die Spannung aufgelöst werden.

Methodik

Vorbereitende Spiele:

- Spiel 1 gegen 1; die Spielfelder (4 x 4 m) werden von einem niedrigen Netz oder einem Band getrennt. Beidhändiger Unterhandwurf mit dem Ziel, den Ball so zu werfen, dass er auf dem Boden des gegnerischen Spielfelds landet.

① **Spiel 1 gegen 1 mit Fangen und Werfen**

② **Spiel 2 gegen 2 mit Fangen und Werfen**

③ **Spiel 1 gegen 1 im Unteren Zuspiel**

- Wie auf Seite 29 Bild Mitte, Spiel 2 gegen 2, Spielfelder 6 x 6 m. Der Ball muss mit der 3. Ballberührung über das Netz geworfen werden.
- Wie auf Seite 29 Bild Mitte, allerdings werden jetzt immer nach dem Wurf in das gegnerische Feld die Positionen der beiden Spieler getauscht.
- Visueller Zugang zur Technik mit Hilfe von Videos und Demonstration.
- Gemeinsame verbale Erarbeitung der Knotenpunkte anhand des visuellen Technikzugangs.
- Schwerpunkt bildet die Bewegungsrichtung des »Spielbretts«.
- Alle Spielformen zum Erlernen der Grundtechnik Oberes Zuspiel sollten auch zum Erlernen dieser Grundtechnik Anwendung finden.

Erweiterte Technikform:
Als erweiterte Technikform kann das Untere Zuspiel auch in der Bewegung, im Fallen, im Rollen oder in Form des frontalen Hechtbaggers ausgeführt werden.

Anwendung Unteres Zuspiel – Halle

Auch hier findet die Anwendung der Grundtechnik überwiegend in spezialisierter Form statt. Wir unterscheiden das Untere Zuspiel in der Annahme, als Zuspieltechnik und als Abwehrhandlung. Die Annahme im Unteren Zuspiel ist sicherlich die häufigste Form. Dabei bestehen folgende Unterschiede zur Grundtechnik:

Anwendung der Grundtechnik Unteres Zuspiel

Annahme

Zuspieltechnik

Abwehr

- Bei der Grundstellung ist der Körperschwerpunkt kaum abgesenkt.
- Die Bewegung wird verstärkt nur aus dem Schieben der Schultern eingeleitet und gesteuert.
- Die Bewegungsausführung erfolgt oft auch lateral vom Körper (längere Bewegungsführung, genauere Präzision).
- Durch ein Schieben der Annahme wird ein schnelles Kombinationsspiel eingeleitet.
- Bei der Annahme von Sprungaufschlägen wird das »Spielbrett« in die Flugbahn des Balles gehalten. Bei harten Sprungaufschlägen wird die Härte mittels eines Nachgebens des »Spielbretts« gepuffert.

① Unteres Zuspiel seitlich

Annahme unter erschwerten Bedingungen:
② mit Theraband
③ mit-Theraband und Zusatzball

Des weiteren kann das Zuspiel, selbst nach schlechtem ersten Pass, mittels einer Zuspieltechnik im Unteren Zuspiel erfolgen. Hierbei gilt:

- Die Bewegung des »Spielbretts« findet verstärkt aufwärts statt, die Schultern sind nicht so weit nach vorne geschoben.
- Die Abspielrichtung ergibt eine möglichst präzise, hohe Flugbahn zu einer Angriffsposition.

Das Untere Zuspiel findet auch bei der Abwehr eine häufige Anwendung:

- Tiefere Körperstellung.
- Breitere Beinstellung.
- Schnelles Schieben des »Spielbretts« in die Flugbahn des Balles; die Fluggeschwindigkeit des Balles auf diese Weise abpuffern.

Anwendung Unteres Zuspiel – Beach

Wie in der Halle findet auch im Beachvolleyball das Untere Zuspiel als Annahme, Zuspiel und Abwehr Anwendung. Alle Anwendungen können frontal, seitlich, rückwärts, im Stand, im Fallen und in der Bewegung durchgeführt werden.

①–③ **Frontale Annahme**

Annahme im Unteren Zuspiel – Beach

Der Unterschied zur Annahme in der Halle liegt in der Flugbahn des Balles, in der optimalen Zielzone, in der Schwierigkeit, mit Wind, Sonne und den geringeren Orientierungspunkten zurecht zu kommen.

Frontale Annahme

- Startbreite Schritt-Grätschstellung, Arme entspannt seitlich vor dem Körper, Körper in Spielrichtung hinter dem Ball, sicherer Stand.
- Arme gestreckt, Unterarme straff gespannt, Hände fixiert, Ballkontakt im ersten Drittel der Unterarme.
- Spielen des Balles durch Bein- und Schultereinsatz in Zielrichtung.

Besonderheit:

Die Arme werden unmittelbar nach der Ballberührung auseinandergeführt, um eine schnelle Laufbewegung einzuleiten.
Bei harten Sprungaufschlägen ist der Annahmebagger identisch mit der Technik der Abwehr, der Arm- und Körpereinsatz ist dann nachgebend.

Seitliche Annahme

- Startbereite Schritt-Grätschstellung.
- Bein der Annahmeseite nach hinten setzen, Schulterachse annähernd parallel zur Flugbahn des Balles.
- Abkippen der Schulterachse, Trefffläche dem anfliegenden Ball entgegenrichten.
- Leichter aktiver Armeinsatz in Spielrichtung, geringe Streckung des ballseitigen Beines beim Ballkontakt.

Die seitliche Annahme wird von den Profis bevorzugt, frontal werden fast nur die Skyball-Aufschläge angenommen.

Seitliche Annahme

Annahmebagger im Fallen (seitlich oder frontal)

Diese Techniken sind Annahmehilfstechniken, wenn der Ball nicht mehr erlaufen werden kann, wenn der Annahmespieler schlecht antizipiert hat, wenn sehr gut und hart aufgeschlagen wird.

Annahme im Fallen (seitlich)

Methodik

Die Vorerfahrungen vom Erlernen des Unteren Zuspiels umsetzen:

- Spiel 1 gegen 1 mit 1 Zuspieler (Spielfeld 4 x 16 m).
- Die Signalpunkte gemeinsam erarbeiten.
- Die Beobachtungsfähigkeit der Signalpunkte und der Antizipationsfähigkeit verbessern: Es werden mehrere Aufschläger per Video aufgenommen. Der Spieler versucht durch Videobeobachtung mit Hilfe der Signalpunkte den Auftreffpunkt des Aufschlags möglichst rasch zu erkennen. Der Trainer stoppt das Video immer früher. Oder Aufschlag auf einem Spielfeld, der Annahmespieler hinter dem Auftreffspielfeld versucht so schnell wie möglich den Auftreffpunkt des Aufschlags zu erkennen.

Annahmetraining Spiel 1 gegen 1: ① **auf Spielfeld 3 x 16 m** ② **auf halbem Spielfeld** ③ **auf ganzem Spielfeld**

- Wiederholung der Knotenpunkte des Unteren Zuspiels anhand von Videos und Demonstration.

Schulung der Antizipationsfähigkeit unter erleichterten Bedingungen:

- Spiel 1 gegen 1 mit Zuspieler auf einem Spielfeld (3 x 16 m) mit folgenden Sonderregeln: Es werden 10 Annahmen auf der einen Seite, 10 Annahmen auf der anderen Seite gemacht. Der Spieler, der die meisten perfekten Annahmen verbuchen kann, gewinnt.

Spielnahes Umsetzen der Technik unter standardisierten Bedingungen:

- Wie oben, allerdings als Spiel auf einem halben Spielfeld.

Umsetzen der Techniken unter sich ständig verändernden Bedingungen:

- Wie oben, jedoch auf dem ganzen Spielfeld; erst nur lange Flatter-, Tennis- oder Skyball-Aufschläge, dann auch kurze und Sprungaufschläge.

Umsetzen der Techniken unter sich ständig verändernden äußeren Bedingungen:

- Spiel 2 gegen 2 (die Annahme muss trotz Sonne, Wind oder Regen perfekt kommen) mit den Sonderregeln: siehe oben.

Techniktraining unter erschwerten Bedingungen:

- Der Annahmespieler steht in der Mitte des Spielfelds und muss die von 2 Spielern geschlagenen Aufschläge (Linie rechts, links) immer abwechselnd und mit maximaler Schnelligkeit zum Zuspieler spielen.

Durchsetzen gegen den Widerstand eines Thera-/Deuserbands, evtl. mit maximaler Schnelligkeit; die Aufschläge werden diagonal wie oben durchgeführt.

- Hochwerfen eines oder zweier Zusatzbälle; Annahme und Fangen der hochgeworfenen Bälle. Es kann auch im Spiel 1 gegen 1 mit Zuspieler oder 2 gegen 2 durchgeführt werden mit der Sonderregelung 10 Aufschläge auf einer Seite und 10 auf der anderen. Es gewinnt der, der die meisten perfekten Annahmen gemacht hat.

Spiel unter dem Druck, gewinnen zu müssen:

- Wie oben mit Zusatzbällen, Thera-/Deuserband, unter dem Druck, gewinnen zu müssen.

Annahmetraining unter erschwerten Bedingungen:
① mit maximaler Schnelligkeit
② mit Theraband (Kraft)
③ – ④ Zuspieltechnik im Unteren Zuspiel

Zuspieltechnik im Unteren Zuspiel

Das Untere Zuspiel als Zuspieltechnik wird im Beachvolleyball sehr oft angewandt. Hömberg (1996, S. 151) nennt folgende Situationen, die zu einem Zuspielbagger zwingen:

- bei Windbedingungen, die ein technisch sauberes Pritschen unmöglich machen,
- bei zu spätem Erreichen des Zuspielorts,
- bei flachen Pässen des Annahmespielers,
- bei mangelnder Balance.

Der Unterschied zum Annahmebagger in der Technikbeschreibung ist der besondere Armimpuls (Arme über Schulter- oder Kopfhöhe).

Bei Bällen, die zu dicht ans Netz gespielt worden sind, wird der seitliche Zuspielbagger angewendet (Drehen der Trefffläche nach dem Prinzip Einfallwinkel = Ausfallwinkel).

Beim Rückwärts-Zuspielbagger wird eine noch intensivere Beinstreckung durchgeführt und der Ball weit über die Kopfhöhe von den Armen (Trefffläche) begleitet.

Methodik

Zuspieltechnik im Unteren Zuspiel

Üben unter erleichterten Bedingungen:

- Vom Trainer geworfene Bälle im Unteren Zuspiel dem Partner zuspielen (der Ball wird gefangen und der Zuspieler erhält immer ein Feed-back. Alle Zuspielvarianten im Unteren Zuspiel erlernen; auf Präzision achten.
- Wie oben, allerdings mit Angriff vom Partner (Kontrollaktion).

Üben unter standardisierten Bedingungen:

- Aufschlag vom Trainer auf einen Annahmespieler, der auf dem ganzen Feld annimmt. Der Trainer zwingt den Annahmespieler so anzunehmen, dass der Partner (der neben ihm steht) nur mit Hilfe eines Unteren Zuspiels zuspielen kann. Der Ball wird gefangen; nach 10 gelungenen Aktionen erfolgt ein Wechsel.
- Wie oben, allerdings mit Angriff als Kontrollaktion.

Spielnahes Üben unter standardisierten Bedingungen (nur Flatteraufschlag):

- Spiel 2 gegen 2; ein gelungenes Unteres Zuspiel wird mit 3 Punkten belohnt.

Spielnahes Üben unter sich ständig verändernden Bedingungen (alle Aufschlagvarianten):

- Spiel 2 gegen 2; für ein gelungenes Unteres Zuspiel gibt es 3 Punkte.

Spielnahes Üben unter erschwerten Bedingungen:

- Spiel 1 gegen 1 auf dem ganzen Spielfeld mit je 1 Zuspieler, der sich gegen den Widerstand eines Thera-/Deuserbands durchsetzen und perfekt zuspielen muss.

Fehler und Fehlerkorrektur

- Zu geringe Beinarbeit und schlechte Antizipation.
- Die Schrittstellung ist zu eng oder der Ausfallschritt zu groß.
- Der Ball wird nicht mit dem »Spielbrett« gespielt.
- Die Spannung im Oberkörper wird zu früh aufgelöst.
- Der Ball wird durch eine Schlagbewegung der Arme gespielt.

Links: Fehlerkorrektur mit Hilfe des Trainers

Um diese Fehler zu korrigieren, sollte der Trainer Übungs- und Spielformen verwenden, die nur eine korrekte Durchführung der Technik zulassen. Der genaue Bewegungsablauf sollte mit Hilfe von kinestätischer Rückmeldung (die korrekte Bewegung spüren) erneut mit den Spielern durchgeführt werden, um keine falschen Bewegungsabläufe zu automatisieren.

Der Aufschlag

Der Aufschlag ist der erste Angriff. Diese Kernaussage der Aufschlagtaktik unterstreicht zugleich die technischen Anforderungen. Für die spielerische Ausbildung der Grundtechnik kann es unter Umständen sinnvoll sein, den Aufschlag von unten auszuführen (In-das-Spiel-Bringen des Balles).

Der Aufschlag von unten ist sowohl technisch als auch methodisch sehr einfach und sollte nach dem Erlernen der Grobform der Grundtechniken vom Tennis-, Sprung-, Flatter- und Sprungflatteraufschlag abgelöst werden.

Der Aufschlag

Aufschlag von unten

Tennisaufschlag

Flatteraufschlag

Sprungaufschlag

① – ③ Aufschlag von unten
④ – ⑥ Tennisaufschlag

Struktur der Technik und Bewegungsbeschreibung

Aufschlag von unten

- Schrittstellung (bei Rechtshändern linkes Bein vorne).
- Ball in der linken Hand, rechter Schlagarm weit hinten.
- Ball anwerfen, den Schlagarm gestreckt nach vorne beschleunigen.
- Treffen des Balles mit festgestellter, geöffneter Hand.

Tennisaufschlag

- Schrittstellung (beim Schlag mit rechtem Arm linkes Bein vorne).
- Treffpunkt des Balles vor der Körperlängsachse.
- Die Hand überlappt den Ball.

Flatteraufschlag

- Schrittstellung (Rechtshänder linkes Bein vorne).
- Ball mit der linken Hand in Schulterhöhe halten; Schlaghand gerade, Finger geschlossen und gespannt.
- Kurzes senkrechtes Anwerfen des Balles; Ball mit fixiertem Handgelenk vor der Schlagschulter treffen.
- Ball im Mittelpunkt treffen; nach Ballkontakt Abstoppen der Schlagbewegung.

Sprungaufschlag

- Stand ca. 2-3 m hinter der Grundlinie.
- Einhändiges (rechte Hand) oder beidhändiges hohes Anwerfen des Balles über die Grundlinie.
- Stemmschritt mit rechts (für Rechtshänder); linker Fuß überholt deutlich

⑦ – ⑧ **Flatteraufschlag**

⑨ – ⑪ **Sprungaufschlag**

(es können noch ein oder zwei Auftaktschritte/Orientierungsschritte vor dem Stemmschritt ausgeführt werden).

- Zurückschwingen beider gestreckter Arme.
- Dynamischer Doppelarmschwung von weit hinten nach vorne/oben.
- Der Ball wird durch das Auflösen der Bogenspannung im höchsten Punkt senkrecht über der Schulterachse mit lockerem Handgelenk (überlappt den Ball – Vorwärtsrotation) getroffen.
- Weiche, balancierte Landung.

Der Sprungflatteraufschlag unterscheidet sich vom Sprungaufschlag nur durch das Treffen des Balles. Der Ball wird mit fixiertem Handgelenk in der Mitte getroffen und die Schlagbewegung nach dem Treffen des Balles abgestoppt. Der Ball muss ohne Rotation fliegen.

Methodik

Zum Erlernen des Aufschlags von unten empfiehlt sich die Ganzheitsmethode nach Schaffung konditioneller und koordinativer Voraussetzungen.

Üben des Aufschlags unter erleichterten Bedingungen:

- Aufschlag von 3–6 m Entfernung über das Netz.

Üben des Aufschlags unter standardisierten Bedingungen:

- Aufschlag hinter der Grundlinie; Ziel: als Erster 10 Aufschläge hintereinander zu schaffen, ohne einen Fehler zu machen.

Erlernen des Aufschlags

Tennisaufschlag und Flatteraufschlag

- Speerwurfübungen; Schlagballweitwurf als motorische Transfers.
- Übungen mit dem Tennis- oder Gymnastikball.
- Imitation der Schlagbewegung mit Thera-/Deuserband.
- Visueller Zugang zur Technik (Video, Demonstration).
- Gemeinsame verbale Erarbeitung der Knotenpunkte mittels der visuellen Hilfe.

Üben des Aufschlags unter vereinfachten Bedingungen:

- Aufschlag aus geringer Distanz über das Netz; bei Gelingen Distanzen bis zur Grundlinie vergrößern; jeder gelungene Aufschlag bringt 2 Punkte.

Spielnahe Umsetzung:

- Spiel 1 gegen 1 (freie Technik, 1 Ballberührung); der Ball wird mit einem Aufschlag ins Spiel gebracht (gesonderte Zählweise, Punkte bei gelungenem Aufschlag).
- Spiel 1 gegen 1 auf das ganze Feld (jeweils 5 Aufschläge pro Spieler hintereinander – Tischtennisregeln); Zusatzaufgaben sind erwünscht.

Zielaufschlag

- Aufschlagspiele mit Matten (Punktevergabe).

Aufschlag unter erschwerten Bedingungen:

- Der Spieler schlägt mit maximaler Geschwindigkeit und Präzision jeweils 6 Bälle (hinter Pos. V bzw. I) longline oder diagonal.

Aufschlag unter psychischem Druck:

- Bei Fehlaufschlag oder leichtem Aufschlag müssen alle anderen Spieler Zusatzübungen durchführen; es gelten nur schwierige Aufschläge.

Aufschlag nach körperlicher Vorbelastung:

- Am Ende der Trainingseinheit muss jeder Spieler noch 10 gelungene Aufschläge hintereinander fehlerfrei durchführen; es zählen nur die druckvollen Aufschläge.

Sprungaufschlag

- Transfer der gesammelten Bewegungserfahrungen beim Angriffsschlag und Tennisaufschlag.

Üben unter erleichterten Bedingungen:

- Den selbst angeworfenen Ball am Netz angreifen; bei 5 gelungenen Aktionen entfernt sich der Absprungort zum Netz um 2 m.

Üben unter standardisierten Bedingungen:

- 2 Mannschaften stehen mit je einem Ball hinter der Grundlinie; die Mannschaft, die als Erste 10 gelungene Aufschläge hintereinander erzielt, hat gewonnen.
- Alle Spiel- und Übungsformen des Tennisaufschlags können auch hier angewandt werden.

Erweiterte Technikform:

Als erweiterte Technikform kann der Aufschlag mit Sidespin bezeichnet werden. Er ist charakterisiert durch einen Tennisaufschlag, wobei das Treffen des Balles von oben/seitlich erfolgt. Diese erweiterte Technikform kann auch als Sprungaufschlag (meist taktischer Aufschlag) durchgeführt werden.

Der Aufschlag – Beach

Der Aufschlag im Beachvolleyball kann genauso wie in der Halle in Aufschläge im Stand und Sprungaufschläge unterteilt werden. Eine besondere Beachtechnik ist der Skyball-Aufschlag.

Sprungaufschlag

① Vorhand-Skyball-Aufschlag
②–③ Flatteraufschlag

Skyball-Aufschlag

Der Skyball-Aufschlag hat eine sehr hohe und steile Flugbahn und kann als Vor- oder Rückhand-Skyball durchgeführt werden.

- Schrittstellung seitlich zur Grundlinie; die Schulter des Nichtschlagarms zeigt zur Grundlinie (Vorhand) oder die Schulter des Schlagarms zeigt zur Grundlinie (Rückhand).
- Der Nichtschlagarm führt den Ball in Bodennähe, der Schlagarm schwingt gleichzeitig nach hinten/oben; der tiefste Punkt des Absenkens ist der Umkehrpunkt der Bewegung.
- In diesem Moment erfolgt eine explosive Körperstreckung. Der Ball wird mit der Handkante noch in der Aufwärtsbewegung des Körpers etwa zwischen Hüft- und Schulterhöhe getroffen.

Trotz des verkeinerten Spielfelds werden heute hauptsächlich Aufschläge im Sprung durchgeführt (Sprung- und Sprungflatteraufschlag). Tennisaufschläge werden bei sehr starkem Wind, Flatteraufschläge im Stand nur bei einer sehr hohen Fehlerquote beim Sprungaufschlag und Skyball-Aufschläge bei Wind und/oder tief stehender Sonne bevorzugt.

Die Knotenpunkte der Technik gleichen jenen beim Hallenvolleyball, allerdings muss der Aufschlagspieler mit Wind, Wetter und Sonne sowie den geringeren Orientierungspunkten zurecht kommen.

Methodik

- Siehe Methodik Halle.
- Üben mit wechselnden Beanspruchungen.
- Üben von Aufschlägen auf Ziele, die auf dem Spielfeld eingezeichnet worden

sind; jeder gelungene Aufschlag wird gewertet.

Spielnahes Umsetzen der erlernten Technik:

- Spiel 1 gegen 1 auf das halbe Spielfeld mit folgenden Sonderregeln: 2 Punkte = As; 1 Punkt bei schlechter Annahme; 0 Punkte bei guter Annahme, -1 Punkt bei Aufschlagfehler. Jeder Spieler hat 10 x hintereinander das Aufschlagrecht.
- Spiel 1 gegen 1 auf dem ganzen Spielfeld mit Sonderregeln, siehe linke Spalte.
- Spiel 2 gegen 2 mit Sonderregeln.

Üben unter erschwerten Bedingungen:

- Zielaufschlag mit maximaler Geschwindigkeit und ständig sich veränderndem

① – ③ **Vorhand-Skyball-Aufschlag**

④ – ⑥ **Rückhand-Skyball-Aufschlag**

Verdeckter Angriff

Aufschlagort (jeweils 6 von 6 Bällen müssen in den Zielfeldern landen). Wenn das Ziel nicht getroffen wird, erfolgt nach kurzen Pausen für Zusatzaufgaben so oft eine Wiederholung, bis die Ziele erreicht werden.

- Wie oben; zusätzlich sich ständig verändernde Aufschlagart.

Aufschlag unter psychischem Druck:

- Bei Fehlern muss der Partner oder müssen alle anderen Spieler Zusatzaufgaben machen.

Fehler und Fehlerkorrektur

- Häufige Fehler bei den Standaufschlägen kommen bei der Schrittstellung, beim Ballanwurf und beim Treffpunkt des Balles vor.
- Beim Sprungaufschlag ist der Ballanwurf noch entscheidender, viele Fehler resultieren daraus.

Wenn solche Fehler auftreten, sollte der Trainer den richtigen Bewegungsablauf mit dem Spieler festigen, indem er im methodischen Lernweg einige Schritte zurück geht.

Beispiel:
Beim Trainingsspiel ist zu erkennen, dass ein Spieler sofort mit dem Ballanwurf den Stemmschritt durchführt und dadurch Schwierigkeiten im Timing hat. Wenn sich trotz Korrektur nichts ändert, sollte der Betreffende aus dem Spiel genommen und erst nach durchgeführten Timing-Übungen wieder eingesetzt werden.

Der Angriff

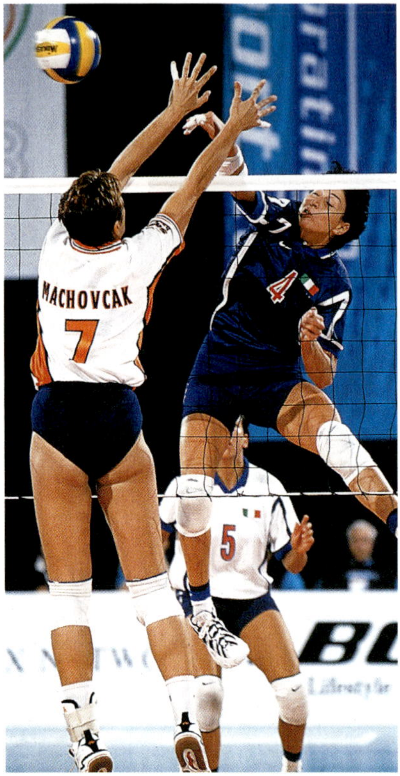

Ein Hauptziel des Volleyballspiels ist, den Ball auf der gegnerischen Seite auf den Boden zu bringen. Das am meisten für diesen Zweck eingesetzte Mittel ist der Angriff in seinen verschiedenen Variationen. Obwohl der Angriff stets auf die Qualität der vorausgehenden Handlungen angewiesen ist, bestimmt er insgesamt durch seine Dominanz die Annahmeriegel ebenso wie die Block- und Feldabwehrtaktiken.

Der Angriff

Frontalangriff

Drehschläge

verdeckte Schläge

einbeinig abgesprungene Angriffe

fliegende Schnellangriffe

◀ Angriffsfinten

Täuschungsangriffe

Struktur der Technik

Der Bewegungsablauf des frontalen Angriffsschlags lässt sich in 4 Phasen einteilen:

1. Anlauf mit Stemmschritt
2. Absprung
3. Ausholbewegung mit Schlag
4. beidbeinige weiche Landung

Bewegungsbeschreibung

Der besseren Verständlichkeit halber werden diese 4 Phasen einzeln beschrieben, obwohl für einen guten Angriff die optimale Koordination der Phasen zwingend notwendig ist.

1. Anlauf mit Stemmschritt: Der Anlauf kann mehrere Schritte umfassen, wobei hier nur die letzten zwei beschrieben werden. Der vorletzte Schritt (Orientierungsschritt) wird (bei Rechtshändern) mit dem linken Bein ausgeführt (das heißt, das linke Bein wird nach vorne geführt). Er dient vor allem der Beschleunigung und Orientierung zum Ball. Seine Länge ist vorwiegend von der Orientierungssituation abhängig und kann daher länger oder kürzer sein.

Anlauf mit Stemmschritt

Den letzten Schritt nennt man Stemmschritt. Er wird mit dem rechten Bein ausgeführt (bei Rechtshändern). Seine Hauptaufgabe besteht darin, maximale Beschleunigung aufzunehmen und eine optimale Absprungvoraussetzung zu schaffen. Der Beistellschritt überholt deutlich. Die Arme werden zeitgleich nach hinten/unten weitestmöglich rotiert.
Bei linkshändigen Spielern sollte der Stemmschritt genau umgekehrt ausgeführt werden.

2. Absprung: Der Absprung beginnt mit dem Aufsetzen der beiden Beine nach dem Stemm- bzw. Beistellschritt. Je nach gewünschtem Sprungvorhaben (Hinterfeld, Sprungaufschlag, Außenangriff, Schnellangriff etc.) setzt der Spieler mehr mit der Ferse oder mit den Fußballen auf.
Um den Sprung weit nach vorne ziehen zu können, wird der Stemmschritt mit den Fußballen aufgesetzt, und um den Sprung ausschließlich auf die optimale Sprunghöhe auszurichten, mit der Ferse. Eine weitere Rolle spielt die muskuläre Voraussetzung des Angreifers. Ein mit guter Reaktivkraft ausgestatteter Spieler springt eher über den Fußballen, einer mit ausgeprägter Maximalkraftfähigkeit sollte verstärkt über den Ferseneinsatz arbeiten.

Absprung undAusholbewegung

Danach erfolgen zeitgleich eine Streckung in den Fuß-, Knie- und Hüftgelenken sowie ein extrem kräftiger, unterstützender Armeinsatz. Es ist darauf zu achten, dass sich der Körperschwerpunkt beim Absprung möglichst genau über der Beinachse befindet.

3. Ausholbewegung mit Schlag: Der Doppelarmschwung wird direkt in die Ausholbewegung weitergeführt, wobei beide Arme bis über Schulterhöhe gebracht werden. Zeitgleich mit einer leichten seitlichen Öffnung (Verwringung) der Schlagschulter holt der Schlagarm nach hinten aus. Dabei wird der Ellbogen gebeugt und neben/über die Schulterachse geführt. Der nicht schlagende Arm sorgt in Hochhalte für eine Stabilisierung des Sprungs.

Die Schlagbewegung selbst wird durch eine zeitlich direkt aneinander gekoppelte Beschleunigung der beteiligten Einzelkomponenten ausgeführt. Die erste aktive Bewegung ist eine Auflösung der seitlichen Verwringung zwischen dem Hüft- und Schultergürtel. Direkt daran anschließend wird der Ellbogen durch eine Beschleunigung im Schultergelenk nach vorne/oben gebracht. Fast zeitgleich wird der Unterarm aus dem Ellbogengelenk heraus beschleunigt. Zuletzt klappt das Handgelenk aktiv nach, sodass die Hand den Ball überlappt. Bei den einzelnen Bewegungen ist wichtig, dass sie zeitgleich im Moment des Treffens des Balles ihre maximale Geschwindigkeit erreichen

Ausholbewegung mit Schlag

(zeitliche Schlagzentrierung). Der gesamte Armzug gleicht in seiner biomechanischen Ausführung stark einem einfachen Wurf (Speer).

4. Landung: Die Landung erfolgt generell beidbeinig auf den Fußballen und sollte aktiv durch ein Nachgeben in den Gelenken der unteren Extremitäten abgefedert werden.

Methodik

- Zum Erlernen des Volleyballangriffs empfiehlt sich zumindest ein separates Erlernen des Absprungs mit Anlauf sowie der Schlagbewegung (Teillernmethode).
- Der Orientierungs- und Stemmschritt kann beim Training der koordinativen Fähigkeiten (Rhythmisierungsfähigkeit) sogar vorweg erlernt werden.

Verbesserung der Rhythmisierungsfähigkeit:

- 3er-Rhythmus akustisch und taktil vorbereiten; vorwärts und rückwärts.

Erlernen des Armzugs:

- Schlagballwürfe (evtl. auch mit Tennisbällen).
- Ein- und beidbeinige Sprungfolgen mit Zusatzaufgaben (Drehungen, Streckungen.
- Unterschiedlichste Variationen von Sprüngen, in deren Verlauf Würfe (einhändig, beidhändig, zielgerichtet) eingearbeitet sind.
- Erlernen des gesamten Stemmschritts mit Absprung und Landung in Einzelkomponenten; beginnend bei der Landung (nach beidbeinigem Sprung aus dem Stand). Danach Einbau des Stemm-, später des Orientierungsschritts.
- Ansprechen der kinästhetischen Analysatoren und Herstellung einer Bewegunsvorstellung mittels Therabändern; dann Tennisbälle gegen die Wand werfen unter ständiger Korrektur, jeweils beidseitig mit linker und rechter Hand.
- Angriffsschläge auf Volleybälle gegen die Wand: vom Partner gehaltener Ball, einhändig gehaltener Ball, beidhändig selbst angeworfener Ball, einhändig selbst angeworfener Ball, von Wand zurückspringender Ball, vom Partner geworfener Ball.

Kombiniertes Erlernen unter vereinfachten Bedingungen:

- Schlagen nach Absprung auf einen gehaltenen Ball mit Hilfe von Boden-

Angriff frontal – gehaltener Ball

① **Angriff frontal – geworfener Ball**

② **Angriff verdeckt – zugespielter Ball**

markierungen; nur Stemmschritt und Absprung, später mit Orientierungsschritt etc.

- Angriff eines angeworfenen Balles in der aufsteigenden Phase.
- Angriff eines angeworfenen Balles mit Flugkurve (Beginn mit einem Meterball, übergehend zu hohen Bällen in beide Flugrichtungen).
- Angriff eines zugespielten Balles von den einfachen zu den schwierigen Pässen (Timing); ab hier werden auch stets Rückraumangriffe ins Repertoire mit einbezogen.

Komplexe Anwendung des Angriffsschlags in einfachen, spielspezifischen Situationen:

- Angriff von zugespielten Pässen nach eigener erster Aktion (»Dankeball«, Annahme).
- Angriffe aus spielspezifischen Ausgangssituationen (Annahme Pos. V, Angriff Pos. IV).
- Angriffe nach vorheriger Annahmeaktion und langen Laufwegen (Annahme Pos. I und Angriff Pos. IV).

Anwendung des Angriffsschlags in Spezialformen:

- Schlagen von Schnellangriffen im ersten Tempo (Aufsteiger, Schuss) nach zugespielten Pässen ohne eigene Voraktion bis hin zum Schnellangriff nach eigener erster Aktion.

Situationsspezifische Anwendung des Angriffsschlags unter erschwerten Bedingungen:

- Angriffe, die in Kombinationsform durchgeführt werden (Kreuz, Staffel); wiederum zuerst nach Ballanwurf des Trainers, später nach Annahme bzw. Abwehraktion.
- Angriffe, die nach Beendigung einer anderen Netzaktion durchgeführt werden müssen (Block, Lösen, Angriff).
- Angriffe gegen unterschiedliche Block- bzw. Feldabwehrsituationen.

Verdeckter Angriff

- Angriff nach einer durchgeführten Rolle, nach verschiedenen Sprung- und Rhythmisierungsübungen.
- Kombinationsangriffe in Verbindung mit Schnelligkeitstraining.
- Angriffe direkt nach Durchlaufen eines Sprungparcours.
- Angriffe gegen gut postierte Block- bzw. Feldabwehrsituationen.
- Angriffe unter Erfolgsdruck gegen verschiedene Block- und Feldabwehrsituationen nach einer Vorbelastung (Annahme oder koordinativ, athletisch).

Erweiterte Technikformen:

Als erweiterte Technikformen kann man die verdeckten Angriffsschläge sowie die Dreh-Angriffsschläge nennen. Außerdem werden gerade beim Frauenvolleyball viele einbeinig gesprungene Angriffsschläge ausgeführt. Männer führen auch beidbeinig gesprungene Angriffe in seitlichen Ebenen sowie Täuschungsangriffe durch.

Verdeckte Angriffsschläge

Hierunter versteht man Angriffe in eine völlig von der Anlaufrichtung abweichende Schlagrichtung. Oft sieht man gerade beim Angriff von der Außenposition IV einen Angriff »über die Schulter« entlang der Linie, obwohl der Anlauf auf einen Diagonalschlag hindeutet.

Drehschläge

Bei Drehschlägen nimmt man bereits beim Absprung einen Drehimpuls mit, der den Körper in der Luft um die

Körperlängsachse rotieren lässt und somit eine neue Hauptschlagrichtung eröffnet.

»Einbeiner«

Eine weitere Form ist durch einen einbeinigen Absprung gekennzeichnet. Hierbei wird vom linken Bein abgesprungen mit dem Ziel, Höhe und Weite zu erlangen (»mit dem Ball zu fliegen«). Dadurch kann der Angriffszeitpunkt in Abhängigkeit des Blocks leicht variiert werden.

Fliegende Angriffe

Um denselben Effekt zu erreichen werden bevorzugt im Männerbereich auch fliegende Angriffe beidbeinig durchgeführt, bei denen das Absprungverhalten so gestaltet ist, dass der Angreifer mit der Ballflugrichtung auch eine horizontale Sprungbahn durchfliegt.

Täuschungsangriffe

Hier ist vor allem der Stopp-Angriff zu nennen, bei dem der Angreifer wie bei einem aufsteigenden Ball anläuft, den

Ansprung verzögert und dann wie bei einem Meterball abspringt. Dasselbe Prinzip wird angewandt, wenn der Angreifer den Angriff eines 2-m-Schussballes vortäuscht und dann einen zum Zuspieler hin versetzten Meterball schlägt.

Die Angriffstechniken Beach

Im Beachvolleyball werden Handgelenkschläge, Drive-Schläge oder Lobs (es darf nicht mit der offenen Hand gelobbt werden) wesentlich häufiger angewendet als beim Hallenspiel. Diese Angriffsfinten sind unter dem Oberbegriff Shots zusammengefasst und alle harten Schmetterschläge, die keine bogenförmige Flugkurve aufweisen, werden als Hard Driven Balls bezeichnet.
Hard Driven Balls (harte Angriffsbälle) können in frontale Schmetterschläge und Schmetterschlag mit Drehung unterteilt werden (s. Hallentechnik).

Shots (Angriffsfinten):

- Frontaler Drive-Schlag
- Drive-Schlag mit Drehung

Spezielle Beachvolleyball-Varianten:

- Cut Shot (diagonal geschlagener Drive).
- Cut Shot rechts und links (Drive diagonal, Ball wird rechts/links unterhalb des Mittelpunkts getroffen und diagonal nach links/rechts in die rechte oder linke vordere Ecke des gegnerischen Feldes gespielt).
- Line Shot (longline, mit Handgelenksdrehung geschlagener Driveschlag).
- Poke Shot (mit den Fingermittelgelenken gespielter lobähnlicher Angriff).

Hard Driven Ball frontal

Der Angriff

Hard Driven Balls, frontal und mit Drehung

Drive-Schlag, frontal und mit Drehung

Cut Shots, links/rechts, kurz/lang

Poke Shots (oben und unten)

Bewegungsbeschreibung

Ein Unterschied zwischen der Hallen- und Beach-Angriffstechnik besteht nur in der Länge und der Einleitung des Stemmschritts.
Der Stemmschritt beim Beachvolleyball ist kürzer als der in der Halle.
Die Laufschritte gehen fließend in Auftaktschritte und den Stemmschritt über.

① **Stemmschritt**
② **Absprung**
③ **Sprung und Ausholbewegung**
④ **Angriffsschlag**

Eine andere Möglichkeit ist, wenn der Spieler für einen Moment in ca. 2–3 m Entfernung vom Netz verharrt, bevor er ein bis zwei Auftaktschritte und den Stemmschritt einleitet.
Der Stemmschritt kann gleitend, federnd (leichter, beidbeiniger Sprung in die Absprungposition) oder aus dem Stand (sehr frühe Bewegung zum Absprungort und Sprung nach einer längeren Bodenkontaktphase) durchgeführt werden.
Bei den Handgelenkschlägen wird die Schlagrichtung durch eine Drehung der Hand nach links und rechts gesteuert.

Die Schlagrichtung ist handgelenk- und ellbogengesteuert.

Die Shots (Drive-Schläge, Angriffsfinten) können nach der Angriffsrichtung in Linien- bzw. Diagonalschläge und Schläge, die zwischen die Abwehrspieler ausgeführt werden, eingeteilt werden. Nach Länge und Höhe der Ballflugkurve unterscheidet man kurz und lang geschlagene Bälle. In der Beachvolleyball-Terminologie wird jeder einzelne Shot nach diesen Kriterien benannt.
Da die Ballberührung beim Drive länger als beim harten Schmetterschlag andauert (Ball wird überrissen), spricht man von einer Treffstrecke und nicht von einem Treffpunkt des Balles.
Die Bewegungsbeschreibung ist bis auf diese Treffstrecke identisch mit dem frontalen Schmetterschlag. Die Länge und Höhe der Flugkurve hängt dabei vom Kräfteeinsatz, vom Beginn und von der Länge der Treffstrecke ab.
Der frontale Drive-Schlag wird in Anlaufrichtung durchgeführt, während beim Drive-Schlag mit Drehung die Schlagrichtung durch eine Drehung des Spielers in der Luft verändert wird.
Cut Shots rechts und links sind Drive-Handgelenkschläge, die vom Bewegungsvorgang fast genauso wie der frontale Schmetterschlag ablaufen; allerdings wird durch eine Drehung im Handgelenk der Ball nach links oder rechts gespielt.
Der Poke Shot (Lob) kann wie folgt beschrieben werden:
Anlauf, Absprung und Ausholbewegung erfolgen wie beim Angriffsschlag.
Die Finger der Schlaghand werden im Mittelgelenk gebeugt.
Der Ball wird mit Handgelenkeinsatz mit den Fingermittelgliedern getroffen.
Dieser Ball kann, wie alle anderen Shots auch, lang/kurz und diagonal/longline gespielt werden.

Methodik

Der Angriff beim Beachvolleyball kann genau wie in der Halle oder aber im Spiel erlernt werden.
Erlernen des Armzugs:

- Spiel 1 gegen 1 auf einem halben Spielfeld. Der Ball wird hochgeworfen und im Stand in das gegnerische Feld geschlagen; der Gegner muss den Ball fangen und nach Anwurf im Stand zurückschlagen. 1 Punkt wird erzielt, wenn der Gegner einen Fehler (Ball ins Aus bzw. ins Netz) macht oder den Ball innerhalb des Spielfelds nicht fangen kann. Es kann hart angegriffen, ein Drive, Cut oder Poke durchgeführt werden.
- Spiel 1 gegen 1 wie oben. Der Ball wird gefangen, im Oberen Zuspiel hochgespielt und im Stand geschlagen.
- Spiel 1 gegen 1 mit Aufschlag und 3 Ballberührungen. Die 3. Ballberührung muss ein Angriffsschlag im Stand sein.
- Spiel 1 gegen 1 wie oben mit 2 Ballberührungen. Die 2. Ballberührung muss ein Angriffsschlag im Stand sein.

Armzug unter erschwerten Bedingungen:

▌Wie zuvor, Spiel mit 3 oder 2 Ballberührungen. Vor der dritten Ballberührung wird eine Drehung von 360° durchgeführt und dann im Stand angegriffen.
Erlernen des Stemmschritts:
▌Spiel 1 gegen 1 mit 3 Ballberührungen. Bei der 3. wird der Ball nach einem Stemmschritt im Oberen Zuspiel im Sprung auf die gegnerische Seite gespielt.
▌Wie oben; mit 2 Ballberührungen.
▌Spiel 1 gegen 1 mit 3 Ballberührungen. Die 3. wird mit einem Angriff im Sprung durchgeführt.
▌Wie oben; mit 2 Ballberührungen.
Festigen des Armzugs und des Stemmschritts mit Zuspieler:
▌Spiel 1 gegen 1 auf einem halben Spielfeld (diagonal oder Linie) mit Zuspieler. Die 3. Ballberührung muss ein Angriff sein.
Komplexe Anwendung der Technik unter besonderer Berücksichtigung der Beobachtungsfähigkeit:
▌Spiel 1 gegen 1 auf dem ganzen Spielfeld mit folgenden Sonderregeln: Der Aufschlag darf nur in ein halbes, der Angriff in das ganze Spielfeld geschlagen werden. Der Abwehrspieler versucht bewusst eine Spielfeldhälfte zu verteidigen. Sollte der Ball in seine Hälfte geschlagen werden, bekommt er einen Punkt; beim Angriff in die freie Spielfeldhälfte gibt es 1 Punkt für den Angreifer.
▌Erweiterung des individual-technischen und -taktischen Repertoires.

Oben: Erlernen des Cut Shot rechts

Links: Spiel 2 gegen 2; Angriffe gegen unterschiedliche Feldabwehrsituationen

▌Erlernen des Drive-Schlags, Poke Shot, Cut Shot links und rechts durch das Spiel 1 mit/gegen 1 mit Zuspieler auf Spielfeldgrößen, die einen der zuvor genannten Angriffsschläge leicht durchführen lassen.
Erarbeitung von Situationslösungsstrategien:
▌Spiel 2 gegen 2; Angriffe gegen unterschiedliche Block- und Feldabwehrsituationen.
Verbesserung der Umstellungsfähigkeit Defensive – Offensive oder umgekehrt:

- Spiel 2 gegen 2; es müssen immer 2 Punkte hintereinander erzielt werden.

Techniktraining unter erschwerten Bedingungen:

- Spiel 2 gegen 2 mit koordinativen, konditionellen und psychischen Zusatzbelastungen.

Fehler und Fehlerkorrektur

- Es werden zu viele Schritte gemacht.
- Es ist kein klarer Ablaufrhythmus zu erkennen.
- Es findet keine akzentuierte, dynamische Stemmbewegung statt.
- Der Stemmschritt erfolgt mit dem falschen Bein.
- Der Körperschwerpunkt wird nicht abgesenkt.
- Der Angreifer unterläuft den Ball.
- Die Schwungarmunterstützung ist nur mangelhaft.
- Die Stabilisierung durch den schulterhohen Schwungarm fehlt.
- Der Angriff erfolgt nur aus der Bogenspannung.
- Die Landung geschieht auf einem Bein.

➤ Um von Anfang an diese Fehler zu vermeiden, sollten die Knotenpunkte der Technik und der Bewegungsablauf internalisiert werden. Durch Übungsformen, in denen der Sportler die Bewegung spürt (der Armzug des Spielers wird durch den Trainer geführt) oder ein Transfer stattfindet (Wurfübungen und Therabandübungen), können Fehler beim Armzug vermieden werden.

➤ Durch Koordinationsübungen kann der Angriffsrhythmus sehr leicht und schnell erlernt werden. Wenn trotz aller Bemühungen Fehler auftreten, sollte der Trainer einige Schritte in der Methodik zurückgehen und diese Fehler beheben.

Der Block

Die wirksamste Möglichkeit, um den Angriffserfolg des Gegners zu verhindern, ist ein guter Block. Nach der Anzahl der Spieler, die an der Aktion beteiligt sind, unterscheidet man einen Einer-, Zweier- oder Dreierblock. Ein Block kann entwe-

Der Dreierblock

Der Block

Einerblock | Doppelblock | Dreierblock

der durch einen direkten Punktgewinn erfolgreich sein (aktiver Block) oder aber zumindest durch ein passives Blockieren den Angriff entschärfen und für die Abwehr spielbar machen. Ziel einer Blockbildung kann es auch sein, dem Angreifer durch das Blockieren einer bestimmten Angriffsrichtung nur noch eine sehr begrenzte Handlungsmöglichkeit zu lassen, die durch massierten Einsatz von Abwehrspielern verteidigt werden kann.

Struktur der Technik

Bei der Struktur der Technik wird der Einzelblock beschrieben. Danach wird auf Besonderheiten bei Gruppenblockbildungen hingewiesen.

Ausgangsstellung:

- Mittlere Grätschstellung am Netz.
- Gewicht gleichmäßig auf beiden Fußballen verteilt.
- Arme in Halbstreckung nach oben, die Unterarme sind parallel unter Anspannung mit wenig Abstand zum Netz.
- Die Handflächen sind gespreizt und angespannt.

Bewegungsbeschreibung

Zum Erreichen der späteren Blockposition können verschiedene Lauftechniken angewandt werden: Side Steps, Kreuz- und Laufschritte. Im männlichen Spitzenbereich wird vermehrt mit dem Kreuzstemmschritt und dem Doppelarmschwung agiert. Hierbei geht es um eine

Blockvarianten: ① Ausgangsstellung ② Kreuzschritt mit Seitstemmschritt ③ Absprung und Block ④ Ausgangsstellung ⑤ Kreuzstemmschritt mit Doppelarmschwung ⑥ Absprung ⑦ Block

Optimierung der Blockhöhe und der Blockqualität.

Absprung: Der Sprung erfolgt generell direkt nach oben durch gleichzeitige Streckung im Fuß-, Knie- und Hüftgelenk. Dabei bleibt der Oberkörper möglichst stabil. Die Arme werden in Blockhaltung sofort bei Erreichen der Netzkante wie eine Schiene so weit wie möglich auf die gegnerische Seite gebracht. Je weiter der Block auf der gegnerischen Seite gebildet wird, desto größer ist der so genannte Blockschatten.

Block: Die Blockbildung erfolgt ausschließlich durch das Hinüberschieben der Arme gegen die voraussichtliche Schlagrichtung. Es wird keine Schlagbewegung durchgeführt. Der Begriff Blockieren umschreibt die Technik eigentlich hervorragend: Der gegnerische Angriff soll wirklich blockiert, nicht aber mit einer aktiv schlagenden Bewegung beantwortet werden.

Um diese Bewegung zu erleichtern, empfiehlt sich eine Klappmesserbewegung im gesamten Rumpfbereich (actio – reactio).

Landung: Die Landung erfolgt beidbeinig abfedernd.

Methodik

Zum Erlernen des Blocks empfiehlt sich die Teillernmethode, wobei mit der Arm-/Handhaltung begonnen werden sollte.

Vorübungen:

- Stabilisationsübungen für den Oberkörper- und Armbereich.
- Spielerische Übungen, die das Hinübergreifen über ein flaches Netz erfordern.
- Arme und Hände werden auf einem schiefen Brett entlang nach vorne/oben geführt.

Wahrnehmungstraining:

- Im Bereich der Blicktechniken und der Wahrnehmung sind zahlreiche Übungsformen vorbereitend zum Block immens wichtig: zentrales, peripheres Sehen, Lesen von Bewegungsmerkmalen etc. mit Hilfe von Videoaufzeichnungen.

Erlernen der Arm- und Handhaltung:

- Der Ball wird vom Partner entlang des so genannten Blockbretts gerollt.
- Der Ball wird scharf gegen das vorbereitete Blockbrett geworfen.
- Der Ball wird (aus geringer Distanz) gegen das vorbereitete Blockbrett geschlagen.
- Spielerische Formen des Blockierens im Stand bei niedrigem Netz.
- Verbindung des Blocks mit einem Sprung.
- A wirft den Ball dicht am Netz stehend von unten nach oben; B springt zum Block, greift möglichst weit über und versucht den Ball in der aufsteigenden Phase zu blockieren.
- A schlägt aus dem Stand direkt in den Block, der von B kurz vor dem Schlagzeitpunkt gebildet wird; A schlägt aus dem Sprung direkt in den Block.

Bewegung zum Blockort:

- A läuft ohne Ball an und springt nach einem Stemmschritt ab; B beobachtet A, geht mittels Side Step mit und springt genau gegenüber der Schlagschulter des Angreifers nach.
- Die Seitwärtsbewegung erfolgt möglichst linear ohne Anheben und Senken des Körperschwerpunkts.

Trainerunterstützung zum Einüben der richtigen Arm-Hand-Haltung

① Erlernen der Arm-Hand-Haltung
② Block gegen Angriffe im Stehen
③ Block gegen Angriffe im Sprung
④ Doppelblock mit Blockbrett

Verbindung der Bewegung mit dem Block:

- A schlägt einen angeworfenen Ball in Anlaufrichtung; B richtet seinen Block gegen die Anlaufrichtung aus.

A variiert die Anlaufrichtung:

- A schlägt einen angeworfenen Ball gegen die Anlaufrichtung; B richtet seinen Block gegen die Schlagrichtung aus.

Anwendung der gesamten Blockbewegung unter vereinfachten Bedingungen:

- Blockieren von Bällen, die in der aufsteigenden Phase geschlagen werden (zuerst nur in Anlaufrichtung, später auch variabel).

Blockieren von Bällen, die als Meterball zugespielt wurden:

- Blockieren von hohen Pässen im Einerblock, wobei die Bewegung von der Mitte heraus erfolgt. Die Bälle sollen diagonal angegriffen werden. Training in beide Richtungen (Pos. II und IV).

Erlernen und Festigen des Doppelblocks:

Doppelblock mit Stemmschritt und Doppelarmzug gegen geschlagene Bälle

- Doppelblockbildung gegen ein schräges Brett in der gegnerischen Feldhälfte (Hinüberschieben der Hände).
- Doppelblockbildung gegen Bälle, die aus dem Stand geschlagen werden (auch in spielerischer Form gegeneinander möglich).
- Doppelblockbildung gegen Angriffe nach Hochpässen.
- Doppelblockbildung gegen Angriffe nach schneller gespielten Pässen auf die Außenpositionen.
- Doppelblockbildung gegen Angriffe nach schneller gespielten Pässen in unterschiedlichen Entfernungen vom Zuspieler.
- Blockbildung gegen einfache Angriffsvarianten (Aufsteiger und Hochpass).
- Blockbildung gegen schnellere Angriffsvarianten (Aufsteiger und schneller Pass auf die Außenpositionen).
- Blockbildung gegen einfache Angriffskombinationen (Aufsteiger und Meterball).
- Blockbildung gegen einfache Angriffskombinationen (2-m-Schuss und Meterball).

Blockbildung gegen komplexere Angriffsvariationen:

- Blockbildung gegen komplette Angriffsstrategien mit Schnell-, Kombinations- und Rückraumangriffen.
- Blocksprünge nach koordinativer, konditioneller und psychischer Vorbelastung.

Der Dreierblock:

Eine weitere technische Form des Blocks ist der Dreierblock. Er kann nur bei Angriffen gebildet werden, bei denen frühzeitig Angreifer und Angriffsort erkannt werden. Ein Dreierblock wird meistens gegen hohe Angriffe außen oder Hinterfeldangriffe über die Mitte durchgeführt.
Alle weiteren Formen des Blocks beziehen sich hauptsächlich auf die taktische Umsetzung und variieren kaum in der Technik (Read-Block, Man-Block, Switch-Block). Die Effektivität dieser Blocktechniken und –taktiken ist nie isoliert, sondern nur in direktem Zusammenhang mit der Abwehr zu sehen.

Die Blocktechniken – Beach

Der Block beim Beachvolleyball ist wie im Hallenspiel die Grundlage der Verteidigung. Es wird aktiv (die Spitzenspieler blocken fast immer aktiv) und passiv (Bälle, bei denen der Angreifer nicht netznah angreift) geblockt. Körperlich unterlegene Blockspieler blocken ebenfalls passiv.

Einerblock mit senkrechtem oder schrägem Sprung, einhändig oder beidhändig

aktiv

passiv

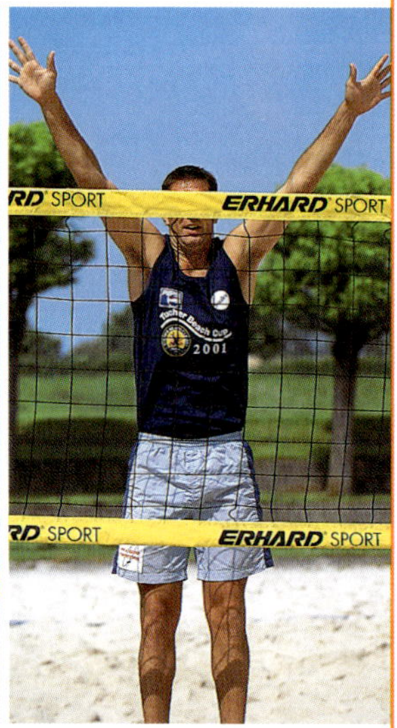

Spread-Block

wischender Block

Joust-Block (Druckball)

Fake-Block

Struktur der Technik

- Ausgangsstellung ca. 1–2 m vom Netz, Schrittstellung.
- Schnelle Bewegung zum Absprungort.
- Absprung aus mittleren bis tiefen Stellungen mit Armeinsatz eng am Körper; Arme und Hände bis zur Streckung über das Netz zum Ball führen.

Eine Besonderheit ist, dass der Blockspieler den Angreifer so lange wie möglich im Unklaren darüber lassen sollte, welchen Feldbereich er abdecken wird.

- Vor der Landung wird in der Luft in Richtung der eigenen Feldhälfte gedreht, um sofort
- wieder spielbereit zu sein.

Der Unterschied zwischen dem Block mit senkrechtem Sprung und dem Block mit schrägem Sprung besteht im Absprungort. Der Absprungort des schrägen Blocksprungs ist neben der Anlaufrichtung des Angreifers, um ihn zu täuschen und anschließend die offen gelassene Richtung schräg (aktiv oder passiv) zu blocken.

Einhändig wird der Block insbesondere dann durchgeführt, wenn der Blockspieler nicht mehr mit beiden Händen in die Ballflugrichtung gelangt. Um einen weiter entfernten Ball zu erreichen, wird der Block zumeist wischend (kann auch beidhändig angewendet werden) durchgeführt. Es wird durch diesen Block versucht, die Änderungen der Schlagrichtung zu kompensieren.

Ist der Ball sehr nah am Netz, wird oft der Joust-Block durchgeführt. Es wird mit offener Hand/Händen gegen den Ball gedrückt. Vorteile hat immer der Spieler, der zuletzt Druck auf den Ball ausübt.

Die passiven Blockarten unterscheiden sich nur in der Armführung und Handstellung von den aktiven Blocktechniken.

- Die Arme werden senkrecht nach oben geführt (kein Übergreifen).
- Die Hände decken einen möglichst großen Bereich ab und bleiben auch senkrecht (kein Überdachen des Balles).
- Körperlich unterlegene Blockspieler klappen die Hände leicht nach hinten.

Auch beim passiven Blockieren wird in die schon vorgestellten Arten und deren Variationen unterschieden.

Aktiver Block

Spread-Block

Um dem Angreifer die Wahl der Angriffsrichtung zu erschweren, wird der Spread-Block (aktiv und passiv) angewendet.

Spread-Block

Fake-Block:
① **Ausgangsstellung**
② – ③ **Lauf**
④ **Abwehrstellung**

- Die Arme werden weit geöffnet über das Netz (aktiv) oder senkrecht zum Netz (passiv) geführt.
- Im letzten Moment werden die Arme und Hände geschlossen in die antizipierte Schlagrichtung gebracht.

Block gegen Shots

Eine spezielle Art des passiven Blocks ist das Blockieren von Shots. Voraussetzung ist, dass der Blockspieler den Shot-Angriff bereits vor dem Absprung antizipiert hat.

- Der Blocksprung erfolgt später als beim normalen Blockieren.
- Die Arme werden senkrecht nach oben gestreckt, um die in einem hohen Bogen geschlagenen Bälle abzufangen.
- Gelingt es dem Blockspieler, eine oder beide Hände hinter den Ball zu führen, schlägt er den Ball mit Handgelenkeinsatz aktiv in die hintere Feldhälfte des Gegners.

Wischender Block

Fake-Block (angetäuschter Block)

Der Fake-Block nimmt eine Sonderstellung ein, da der Block lediglich angetäuscht wird. Nach dem Antäuschen des Blocksprungs weicht der Spieler zurück in die Feldverteidigung.

- Bis zur Einnahme der Absprungposition wird die Bewegung wie eine normale Blockaktion durchgeführt.
- Nach dem Zuspiel bzw. im Moment des Sprungs des Angreifers weicht der Blockspieler blitzschnell zur Feldabwehr zurück.

- Er dreht sich in Laufrichtung (schneller Antritt) und läuft – mit den Händen mindestens über Hüfthöhe, um eventuelle lange Schmetterschläge oder Shots abwehren zu können – mit ständigem Blickkontakt zum Angreifer. (Hömberg 1997, S. 196)

Methodik

Der Block im Beachvolleyball kann genauso wie der Einerblock in der Halle oder spielerisch erlernt werden.

Spielnahes Erlernen der Arm- und Handhaltung unter erleichterten Bedingungen:

- Spiel 2 gegen 2 auf dem halben oder ganzen Spielfeld bei niedrigem Netz. Es muss immer aus dem Stand hart in die Anlaufrichtung angegriffen und geblockt werden.

Wichtig: Das Spiel muss so gestaltet werden, dass es zu sehr vielen Stand-Block-Aktionen kommt (die Fehlerquote in den Handlungsketten durch vom Trainer eingeworfene Bälle minimieren).

- Wie oben, allerdings wird jetzt immer hart gegen die Anlaufrichtung geschlagen (Stand-Drehschläge).

Spielnahes Wahrnehmungs- und Kommunikationstraining (Block-Feldabwehr):

- Wie oben, jedoch werden jetzt harte Schläge (Frontal-, Dreh-) und Cuts (im Stand) geschlagen.

Spiel 2 gegen 2 mit Sonderregeln

Verbindung des Blocks mit einem Sprung:
- Spiel 2 gegen 2 auf halbem Spielfeld mit dem Netz auf Wettkampfhöhe. Es muss hart im Stand angegriffen werden.
- Wie oben, allerdings harter Angriff im Sprung immer in Anlaufrichtung.
- Wie oben, jedoch können nun alle Angriffsvariationen durchgeführt werden.
- Spiel 2 gegen 2 mit dem Netz auf Wettkampfhöhe. Erst wird in Anlaufrichtung im Sprung geschlagen, dann werden alle Angriffsvariationen durchgeführt.

Spielnahe Anwendung unter standardisierten Bedingungen:
- Spiel 2 gegen 2 mit folgenden Sonderregeln: Bei gelungener Blockaktion werden 5 Punkte, bei gelungener Feldabwehraktion 3 Punkte vergeben.

Spielnahe Anwendung unter erschwerten Bedingungen:
- Spiel 2 gegen 2. Der Aufschläger muss immer blocken; mit Sonderregeln (s. oben).

Erweiterung des individual-technischen und -taktischen Repertoires:
- Spiel 2 gegen 2 mit zwingenden Situationen, um eine erweiterte Technikform anwenden zu müssen.
- Drehungen oder Hilfsabwehraktionen, verbunden mit der Blocktechnik.
- Schnelligkeit und Kraft, verbunden mit der Blocktechnik.

Fehler und Fehlerkorrektur

- Der Spieler beobachtet nicht den Ball, den Zuspieler oder den Angreifer zur richtigen Zeit.
- Mit Hilfe von Videoaufnahmen sollte nochmals auf die Signalpunkte (Punkte, die das Antizipieren erleichtern) hingewiesen werden.
- Alle anderen möglicherweise auftretenden Fehler (Arm-/Hand-Haltung, Sprung etc.) können durch Korrekturen und den richtigen Ballwurf vom Trainer (Akzentuierung der Korrektur) behoben werden.
- Wichtig ist es, einen Fehler in der Technik nicht zuzulassen, sondern diesen sofort zu korrigieren. Wenn ein fehlerhafter Bewegungsablauf gefestigt wurde, bedarf es einer besonderen Anstrengung (wenn überhaupt möglich), um ihn zu beheben.

Die Abwehr

Das Abwehrverhalten hat tausend Gesichter und bietet dem Zuschauer oft die faszinierendsten Szenen. Die Abwehr kann nach dem Ort, wo die Handlung stattfindet, in Abwehr im körpernahen und körperfernen Bereich unterteilt werden. Sie kann einhändig, beidhändig, über Kopfhöhe, seitlich oder unter Brusthöhe ausgeführt werden.
Das gemeinsame Ziel aller Abwehrhandlungen ist es zu verhindern, dass der Ball den Boden auf dem eigenen Spielfeld berührt. Durch eine gelungene Abwehr sollte der Gegenangriff ermöglicht werden.
Eine gute Abwehr kann auch einen an-

Die Abwehr

im körpernahen Bereich

über Kopfhöhe (Abwehrhilfs-techniken)

über Brusthöhe

seitlich

unter Brusthöhe

griffsstarken Gegner aus dem Konzept bringen.
Die entscheidende Rolle für ein effektives Abwehrverhalten spielt eine gute Wahrnehmung verbunden mit einer guten Reaktionsfähigkeit.

Struktur der Technik

Die Abwehr muss situativ in verschiedensten Formen angewandt werden, wobei einige Handlungsentscheidungen die jeweils nächste Handlungsvariation nach sich ziehen.
Die Ausgangsstellung für das Abwehrverhalten ist nahezu identisch mit der Volleyball-Grundstellung. Allerdings ist der Körper in seiner Ganzheit erheblich stärker stabilisiert.
Wenn der Ball direkt in den körpernahen Bereich fliegt, muss der Körper unbedingt seine stabile Haltung bewahren, der Schwerpunkt bleibt auf den Fußballen. Die Arme werden auf dem direkten Weg zum Spielort bewegt. Diese Bewegung geschieht immer mit geöffneter Armhaltung. Erst unmittelbar vor dem Ballkontakt kann ein Armschluss erfolgen, wenn dies zeitlich noch möglich ist. Eine Rotation im Oberkörper ist auf jeden Fall zu vermeiden!
Bei einer Abwehr oberhalb der Brust werden die Arme lediglich aus der Grundstellung offen nach vorne/oben geführt.
Wenn der Ball nicht direkt in den körpernahen Bereich fliegt, werden so genannte Abwehrhilfstechniken angewandt (Japanrolle, Rutschbagger frontal und seitlich, Hechtbagger, Baumstammrolle).
Ist der Ball nicht durch eine reine Bewegung der Arme erreichbar, so muss die

① Grundstellung
② »Spielbrett« zum Ball
③ Abwehr

Schulterachse auf direktem Weg so weit in Richtung Abwehrort gebracht werden, bis ein Erreichen des Balles möglich ist. Sollte der Ball weit vor dem Körper auftreffen, reagiert man mit dem so genannten Rutschbagger.

Bei seitlich anfliegenden Bällen wird ein seitlicher Rutschbagger angewandt, wobei es wichtig ist, dass die Schulterachse stets ihre Position in Ballabspielrichtung behält.

1

2

3

Abwehrtechniken:
① – ③ **Japanrolle**
④ **Rutschbagger**

4

Sollte der Abwehrspieler – nach einem Lob – weite Entfernungen überwinden müssen, wendet er eine Japanrolle (bei seitlich kommenden Bällen) sowie den Raum greifenden Hechtbagger (bei frontal kommenden Bällen) an.

In fast allen Spielsystemen befinden sich die Abwehrspieler zuerst in der Schnellabwehrposition (zur Abwehr von Angriffen im 1. und 2. Tempo). Sobald erkennbar ist, dass der Pass auf eine Außenposition gespielt wird, bewegt sich jeder Abwehrspieler von vorne nach hinten maximal schnell in die Positionsabwehr, die je nach Spielsystem unterschiedliche Abwehrbereiche (longline, diagonal, kurz) akzentuiert.

Schnellabwehr – Positionsabwehr:
Da von der Handlungskette der Schnellangriff zeitlich stets vor einem Positionsangriff stattfinden kann, sollte die Abwehr immer zuerst auf die Abwehr dieser Bälle ausgerichtet sein (im Normalfall weit vorgezogene Abwehrpositionen). Für die Positionsabwehr muss, abhängig vom Angriffsverhalten der Gegner in der jeweiligen Spielklasse, ein unterschiedlich weit nach hinten gezogener Positionsabwehrort gesucht werden.
Wichtig ist, dass sich jeweils exakt zum Zeitpunkt eines möglichen Angriffsschlags der gesamte Körper in Vorspannung und absolut stabiler Ruhe befindet. Aus dieser Abwehr-Grundstellung erfolgt nun entweder eine Ortsänderung mit anschließender Einnahme einer erneuten Abwehr-Grundstellung oder aber das sofortige Anwenden einer Abwehrtechnik. Hierbei muss sich der Spieler nach dem ankommenden Ball orientieren und entscheiden.

① **Schnellabwehr**
② **Positionsabwehr**

Methodik

Beim Erlernen von Abwehrtechniken ist darauf zu achten, dass zuerst die einzelnen Techniken isoliert dargestellt und geübt werden (frontaler unterer Abwehrbagger). Möglichst schnell sollte man zu einer stets spezifischen Anwendung der Techniken übergehen, da die Entscheidungshandlung für die Anwendung der jeweiligen Technik eine entscheidende Rolle spielt.

- Abwurfspiele: Alle Spielformen, in denen der Spieler verhindern muss, dass er abgeworfen wird, indem er den anfliegenden Ball fängt.
- Lauf-Stopp-Spiele: Zur Festigung der Abwehr-Grundstellung sind Spielformen wichtig, bei denen ein fester Stand auf ein Signal hin erforderlich ist.
- Torwartspiele: Die Spieler werfen/schlagen Bälle aus kürzeren Distanzen auf Tore (Ziele). Ein Abwehrspieler versucht gleich einem Torwart, die Bälle abzuwehren. Dabei sollten zunehmend auch vorherige Bewegungen mit eingebaut werden (seitliche Ortsveränderung).

Die speziell im Abwehrbereich wichtigen Laufarten werden isoliert trainiert (Ortsänderung unter Beibehaltung der Körperspannung). Dies kann zu Beginn mit Hilfe von Bodenmarkierungen durchgeführt werden, später ohne.

- Ein Abwehrspieler bewacht zwei Tore, die nebeneinander stehen; dazwischen muss er eine seitliche Bewegung machen.
- Zuerst wird die Abwehr von Bällen ausgeführt, die direkt in den körpernahen Bereich kommen.

- Einzelne Spieler oder aber mehrere Partner müssen versuchen, bestimmte Bereiche abzuwehren, in die Bälle von anderen Spielern geschlagen werden.
- Paarweises genaues Schlagen und Abwehren ohne Netz.
- Übungsformen, in denen exakt auf die Abwehrspieler geschlagene Bälle abgewehrt werden müssen – ohne Netz!

Erlernen der Schnellabwehr:

- Einen geworfenen, dann einen aus der Hand geschlagenen Ball aus kurzer Distanz abwehren. Präzise geschlagene Bälle vom Trainer, der auf einem Kasten (Pos. III) steht, abwehren.

Erlernen der Positionsabwehr:

- Isoliertes Üben der Rückwärtsbewegung mit Einnahme einer Abwehrposition.
- Abwehr von geworfenen, dann leicht aus der Hand geschlagenen Bällen nach einer Rückwärtsbewegung.
- Trainer/Spieler stehen auf Kästen (Pos. III und Außenposition). Nacheinander muss zuerst ein Schnellangriffsball abgewehrt werden, dann die Rückwärtsbewegung erfolgen und ein weiterer Angriff in der Positionsabwehr verteidigt werden. Ab hier sollte nach jeder Abwehrhandlung der Ball weitergespielt werden, bis ein Punkt erzielt wird.

Abwehr über Kopfhöhe

Abwehr von Angriffen aus erleichterten Startbedingungen:

- Abwehr von frei geschlagenen Schnellangriffen ohne Block auf verschiedenen Abwehrpositionen.
- Abwehr von Angriffen, bei denen dem Zuspieler zwei Handlungsalternativen erlaubt sind (Schnellangriff und Hochpass).
- Abwehr von Angriffen, bei denen dem Zuspieler zunehmend mehrere Handlungsalternativen erlaubt sind (inklusive Kombinationen und Hinterfeld).
- Komplexe Spielformen, bei denen jeweils bestimmte Angriffsmöglichkeiten vorgeschrieben sind:

1 gegen 1 mit gemeinsamem Zuspieler aus dem Hinterfeld/halbes Feld.
2 gegen 2 aus dem Hinterfeld;
2 gegen 2 aus dem Hinterfeld mit Zuspieler, longline oder diagonal;
2 gegen 2; Angriff gegen Einzelblock und Abwehr auf halbes Feld.

Block und Feldabwehr ohne Nahsicherung; Position VI verstärkt die Linienabwehr

- Abwehr nach einer vorangegangenen koordinativ anspruchsvollen Vorbelastung (Rolle).
- Abwehr eines Balles nach eigenem Hochwerfen und späterem Fangen eines weiteren Balles.
- Im Schnelligkeitsbereich können jeweils zwei bis vier Aktionen direkt hintereinander ausgeführt werden.
- Im Kraftbereich können vor der Abwehraktion vom Spieler Medizinbälle hochgeworfen werden, die nach der Abwehraktion wieder gefangen werden müssen.

Prinzip der Nichtwiederholbarkeit:

- Es gibt nur eine Abwehrchance, die erfolgreich abgeschlossen werden muss. Andernfalls gibt es Zusatzaufgaben, bis diese Aufgabe erfüllt wird.

Prinzip der Wahrscheinlichkeit:

- Zu einer definierten Angriff – Abwehr-Situation müssen sowohl Angreifer wie Abwehrspieler ihre zu erreichende Erfolgsquote vorbestimmen. Das Erreichen der Quote wird überprüft.

Schulung der Willenskraft:

- Nach starken Belastungen, am Ende einer Trainingseinheit, sind Zielvorgaben für Abwehrspieler, in einer definierten Situation aufgestellt, zu erfüllen.
- Wenn die Abwehrtechnik gefestigt wurde, sollte das Zusammenspiel Block – Feldabwehr geschult werden.

Erlernen der Abwehrhilfstechniken

Wird der abzuwehrende Ball nicht in den körpernahen Bereich gespielt, sind Abwehrhilfstechniken notwendig. Die häu-

figsten sind der frontale und seitliche Rutschbagger, der Hechtbagger und die Japanrolle.
Bei all diesen Techniken gilt ein vergleichbares methodisches Konzept, das nur individuell der Hilfstechnik angepasst werden muss:
- Rollen vorwärts, seitlich und rückwärts.
- Rollende Bewegungen, um die Angst vor dem Boden zu nehmen.

Steigerung der Körperspannung:
- Rollen um die Köperlängsachse unter Abheben der Extremitäten (in Verbindung mit Ballhalten in der Hand).
- Gewöhnung an das Rutschen und Gleiten der Hände und Arme. Lange Strümpfe über den Armen ermöglichen ein leichtes Rutschen in der Halle. Hierzu sind verschiedenste Spiele denkbar.
- Verbindung einer Rutsch- mit einer Rollbewegung. Aus dem Kniestand seitliches Rutschen mit nachfolgender Ausklangbewegung (Rollen).
- Gleitender Übergang aus der Abwehrgrundstellung in eine Rutschbewegung (unter einem Stab hindurchtauchen).

Einbeziehung des Balles:
- Verbindung einer Rutschbewegung mit dem anschließenden Wurf eines Balles zum Partner.
- Abwehr eines präzise angeworfenen Balles mit der jeweiligen Hilfstechnik; zuerst aus dem Kniestand, später aus der Abwehrhaltung.
- Abwehr von variabel geworfenen und geschlagenen Bällen mit Hilfe einer speziellen Hilfstechnik.

Abwehrhilfstechnik Hechtbagger

- Situative Anwendung der geforderten Hilfstechnik nach unterschiedlich angeworfenen Bällen.
- Situative Anwendung einer Abwehrhilfstechnik nach geschlagenen Bällen.

Spielnahe Anwendung der Hilfstechniken in vorgegebenen Handlungsräumen:
- Verschiedene Kleinfeldspiele mit Schwerpunktsetzung auf das Abwehrverhalten.

Vergleiche die Übungen zu den Abwehrtechniken bei körpernah gespielten Bällen.

Abwehrtechniken Beach

Beim Beachvolleyball ist die Grundstellung des Feldverteidigers etwas aufrechter als beim Hallenspiel, allerdings wurden vor allem die Abwehrtechniken über Kopf aus dem Beachvolleyball in die Halle als Abwehrhilfstechniken übertragen.
Die Bewegungsausführung des beidhändigen Abwehrbaggers ist der des Annahmebaggers sehr ähnlich. Unterschiede bestehen nur in der etwas tieferen

Die Abwehr

frontal

seitlich

im Stand

im Sprung

im Fallen

in der Bewegung

unter Kopfhöhe

beidarmig

einarmig

über Kopfhöhe

Grundstellung und in der geringeren Stärke des Armeinsatzes; die Wucht des Balles muss abgefangen werden.
Im Bezug auf die Unterarm- und Armhaltung lassen sich zwei Variationen des Abwehrbaggers beobachten:
1. Die Unterarme werden parallel aneinander gelegt wie beim Annahmebagger.
2. Die Arme werden lediglich parallel zueinander gehalten. Sie werden in ca. 10–20 cm Abstand zueinander geführt und bilden dadurch eine noch größere Trefffläche.
Die einhändige Abwehr mit geschlossener Hand wird seitlich des Körpers oder bei über Kopfhöhe anfliegenden Bällen angewendet. Diese Technik wird nur dann eingesetzt, wenn nicht genügend Zeit zur Verfügung steht, beide Arme hinter bzw. unter den Ball zu führen. Allerdings überwiegt bei den Techniken im Fallen und in der Bewegung die einhändige Durchführung.
Der Ball wird mit dem Unterarm oder bei den Techniken im Fallen, in Bewegung und über Kopf mit der Handgelenksbeuge gespielt.
Die einhändige Abwehr mit seitlichem Abrollen wird im Beachvolleyball nicht angewendet. Der Hechtbagger (in all seinen Variationen, sogar der »akrobatische Hechtbagger«) gehört zu den gängigen Hilfsabwehrtechniken.

Hoher Beach Dig (über Schulterhöhe):
Diese spezielle Beachtechnik wird nur bei harten Angriffsbällen in den Abwehrbereich über der Schulterhöhe angewandt.
Der Feldverteidiger agiert beim Beach Dig aus der Grundstellung heraus.
Der Blockspieler wendet den Beach Dig beim Fake-Block an und muss daher in der Bewegung agieren.

Hoher Beach Dig

- Die Hände werden wie beim Pritschen geöffnet in die Ballflugbahn geführt.
- Die Trefffläche = die schalenförmig gehaltenen Handflächen werden so angewinkelt, dass der Ball hoch in die Mitte des Spielfelds oder zum Partner abgewehrt wird.
- Im Moment des Ballkontakts fangen die Finger den Ball elastisch ab.
- Mit einer Armstreckung wird der Ball aktiv wieder abgespielt.
- Die Ballkontaktzeit ist trotz der hohen Ballgeschwindigkeit länger als beim Oberen Zuspiel. Der Ball wird lange von den Händen begleitet und kann durch Handgelenksdrehungen in die Abspielrichtung gespielt werden.

Tiefer Beach Dig (unter Schulterhöhe):
Der tiefe Beach Dig war früher die vorherrschende Abwehrtechnik. Heutzutage wird er nur bei hart geschlagenen Angriffsbällen, die ohne Block abge-

Tiefer Beach Dig

wehrt werden, angewendet.

- Der Spieler nimmt eine tiefe, breitbeinige und ausbalancierte Spielstellung ein.
- Die Unterarme befinden sich neben/über den Oberschenkeln, die Hände etwas über den Knien.
- Der Ball wird mit den schalenförmig geöffneten Handflächen gespielt.
- Er prallt nicht ab wie beim Abwehrbagger, sondern ihm wird durch die elastisch nachgebenden Finger die Geschwindigkeit genommen.
- Der Ball wird aktiv abgespielt; die Unterarme werden dabei durch Vorschieben der Schultern und Beugen der Arme nach vorne/oben geschoben; die Hände sind im Handgelenk fixiert und unterstützen die Bewegung.

Tomahawk-Abwehr

Tomahawk: Bei Shots, die über Schulter- bzw. Kopfhöhe des Feldverteidigers anfliegen, verbieten die Spielregeln die Anwendung einer Abwehrtechnik mit geöffneten Händen. Angriffe dieser Art werden mit geschlossenen Händen (Tomahawk-Abwehr) abgewehrt.

- Aus der Grundstellung werden die Hände in die Ballflugbahn über die Stirn geführt; die Arme sind gebeugt.
- Die Hände werden geschlossen aneinander gelegt, die Fingerspitzen zeigen nach oben.
- Die Fixierung der Hände ist unterschiedlich und von individuellen Vorlieben der Spieler abhängig. Die gebräuchlichsten Arten der Fixierung sind folgende:
  - Die Fingerendglieder werden aneinander gelegt, die Daumen hinter den Handrücken überkreuzt (ähnelt dem Falten der Hände beim Gebet); der Ball wird mit den Handkanten gespielt.
  - Die Hände werden schalenförmig ineinander gelegt, die Daumen hinter dem Handrücken überkreuzt; bei dieser Variante wird der Ball mit den Handflächen gespielt.
  - Im Moment des Abspiels werden die Hände nach hinten gekippt, die Arme gestreckt; der Ball wird aktiv abgespielt.

➤ Die Hände werden unmittelbar nach dem Ballkontakt auseinander geführt. Es gibt auch eine offensive Tomahawk-Technik. Die Handstellung entspricht dabei etwa dem Fassen einer Axt mit beiden Händen. Bei dieser Variante bilden die Handkanten die Trefffläche. Die Hände werden im Moment des Ballkontakts nicht nach hinten, sondern nach vorne gekippt.

Methodik

Die Vorerfahrungen vom Erlernen des Unteren Zuspiels umsetzen:

- Spiel 2 gegen 2; Spielfeld 6 x 6 m; Standvolleyball.
- Die Unterschiede und Gemeinsamkeiten der Techniken mittels visueller Hilfen zusammen erarbeiten.
- Abwehren der geworfenen oder geschlagenen Bälle im Stand, nach Bewegungen zur Seite, nach hinten und nach vorne.

Wahrnehmungstraining unter erleichterten Bedingungen:

- Es werden Videoaufnahmen von mehreren Angreifern gemacht. Der Spieler versucht durch Videobeobachtung, mit Hilfe der Signalpunkte die Angriffsart und Angriffsrichtung so schnell wie möglich zu erkennen.

Wahrnehmungstraining unter standardisierten Bedingungen:

- Auf dem gegnerischen Feld greifen mehrere Spieler nacheinander an. Der Abwehrspieler muss so schnell wie möglich die Angriffsrichtung und Angriffsart erkennen.

Spiel 2 gegen 2: Block – Feldabwehr

Spielnahes Üben unter erleichterten Bedingungen:

- Spiel 1 gegen 1 mit Zuspieler (Spielfeld 3 x 16 m); es darf nur hart geschlagen werden, erlaubt sind nur Poke, Drive und harter Angriffsschlag; es dürfen alle Angriffsvarianten angewendet werden.

Spielnahes Üben unter standardisierten Bedingungen:

- Spiel 1 gegen 1 mit Zuspieler auf dem halben Feld (Linie oder diagonal).

Erlernen der Abwehrtechniken seitlich auf Kopf- und über Kopfhöhe:

- Spiel im Sitzen 1 mit 1 ohne Netz mit Angriff und Abwehr; Ziel ist, den Ball so lange wie möglich im Spiel zu halten.

Komplexe Spielformen, bei denen bestimmte Angriffsmöglichkeiten und Angriffsrichtungen verbindlich vorgeschrieben sind:

- Spiel 2 gegen 2 mit Fake-Block; es darf nur Linie oder diagonal angegriffen werden.
- Angriffsarten wie oben.

Spielformen mit Einbeziehung des Zusammenspiels Block – Feldabwehr:

- Spiel 2 gegen 2 mit deutlichem Zonenblock; Linie oder diagonal; der Angreifer soll in den Bereich des Abwehrspielers schlagen.
- Spiel 2 gegen 2: Der Abwehrspieler muss aus der Mitte des Spielfelds mit maximaler Schnelligkeit in die Linien- oder Diagonal-Abwehrposition laufen. Auf der anderen Seite wird entsprechend schnell Linie oder diagonal angegriffen.

Abwehr unter erschwerten Bedingungen:

- Abwehr unter koordinativen, konditionellen und psychischen Zusatzbelastungen.

Fehler und Fehlerkorrektur

Die Qualität der Abwehr ist immer von der Qualität des Blocks abhängig. Ein guter Block führt zu einer guten Abwehr.

- Durch eine gute Beobachtung des gegnerischen Angreifers und des eigenen Blockspielers können Fehler in der Positionierung der Abwehr vermieden werden.
- Alle technischen Fehler können durch entsprechende Korrekturen leicht behoben werden.
- Eine Besonderheit bei der Abwehr ist der Wille, keinen Ball verloren zu geben. Diesem Willen, »der Berge versetzen kann«, sollte man besondere Aufmerksamkeit schenken.

Doppelblock gegen einen verdeckten Angriffsschlag

Trainingsplanung

Training ist ein zielgerichteter Prozess zur Entwicklung und Verbesserung einzelner oder komplexer Elemente der sportlichen Leistungsfähigkeit.
Die Trainingsplanung ist kein einmaliger, festgeschriebener Vorgang, sondern charakterisiert durch fortlaufende Anpassung an die Trainings- und Wettkampfwirklichkeit. Es findet ein ständiger Vergleich zwischen Soll-Konzept und Ist-Analyse statt.

Jahrestrainingsplan – Halle

Der Jahrestrainingsplan beschreibt die konkreten Inhalte für das jeweilige Trainingsjahr und enthält:

- die Trainingsziele im Jahresverlauf,
- die Planung der Wettkämpfe (inklusive Testwettkämpfe),
- die Planung der Belastung (Intensität/ Umfang),
- die Art und Anteile der Trainingsinhalte,
- die Planung der ganzjährigen Trainingsstruktur.

Innerhalb der Jahrestrainingsplanung unterscheidet man im Wesentlichen drei Phasen:

1. die Vorbereitungsperiode (VP)
2. die Wettkampfperiode (WKP)
3. die Übergangsperiode (ÜP)

Sie erfüllen unterschiedliche Ziele, die allerdings alle als Hauptziel die Verbesserung, Stabilisierung und Erhaltung der volleyballspezifischen Leistungsfähigkeiten verfolgen.

Vorbereitungsperioden

Innerhalb eines Jahresplans können 3 Vorbereitungsperioden eingebaut werden:

Vorbereitungsperiode I (VP I) – mit folgenden Zielen:

- Entwicklung von allgemeinen und volleyballspezifischen konditionellen und koordinativen Fähigkeiten.
- Verbesserung oder Erlernen von neuen Techniken und Individualtaktik.

Vorbereitungsperiode II (VP II) – mit folgenden Zielen:

Vorschlag für einen Jahrestrainingsplan – Halle

VP I	ÜP I	VP II	WKP I	ÜP II	VPIII	WKPII
8–10 Wochen	max. 3 Wochen	6–8 Wochen	8–9 Wochen	sehr kurz 1 Woche	2–3 Wochen	10–12 Wochen
Mai, Juni, Juli	Aug.	Aug., Sep., Okt.	Okt., Nov., Dez.	Dez.	Jan.	Jan., Feb., März, Apr.

- Weiterentwicklung der volleyballspezifischen konditionellen und koordinativen Fähigkeiten.
- Anleitung zu individual- und gruppentaktischem Verhalten.
- Erlernen der Mannschaftstaktik.
- Wettkampfspezifische Umsetzung.

Die letzten 2–3 Wochen bezeichnet man auch als Vorwettkampfperiode.
Vorbereitungsperiode III (VP III):
Dies ist eine relativ kurze Vorbereitungsphase mit dem Ziel, die eigentliche Wettkampfform zu erreichen.

Wettkampfperioden

Sie umfassen generell den gesamten Zeitraum der Wettkämpfe. In Abhängigkeit vom Spielplan sind Schwerpunkte zu setzen, wann die Mannschaft ihre höchste Form erreichen muss und wann möglicherweise auch ein geringeres Level den Zielen entspricht. Diese Schwerpunktsetzung ist wichtig, da die optimale Form über eine Wettkampfperiode von 6 Monaten nicht konstant auf höchstem Niveau gehalten werden kann.
Wettkampfperiode I (WKP I) – mit folgenden Zielen:

- Stabilisierung des hohen konditionellen, koordinativen, technischen und taktischen Leistungsniveaus.
- Steigerung der Leistungsfähigkeit für wichtige Spieltermine.
- Vermeidung von Monotonie.

Wettkampfperiode II (WKP II) – mit folgendem Ziel:

- Stabilisieren der Leistung und diese so lange wie möglich aufrecht erhalten.

Übergangsperiode

Nach der Saison bis hin zur Vorbereitungsperiode auf die nächste konzen-

Zielsetzungen der Vorbereitungsperioden		
VP I	**VP II**	**VP III**
• Muskelaufbautraining, aerobe Ausdauer • Verbesserung des Armzugs und der verdeckten Angriffsschläge • Verbesserung der Abwehr über Brusthöhe	• Intramuskuläres Koordinations- und Reaktivkrafttraining • Schnelligkeit • Spezielle Ausdauer Verbesserung der Schnell- und Positionsabwehr • Verbesserung des Zweier- und Dreierblocks • Mannschaftstaktik	• Intramuskuläres Koordinationstraining • Reaktivkrafttraining • Schnellkrafttraining • Schnelligkeit • Mannschaftstaktik • Mannschaftsstrategie
Intensität: 60–80 % Umfang: 80–100 %	Intensität: 70–95 % Umfang: 70–90 %	Intensität: 70–95 % Umfang: 60–80 %

Zielsetzungen der Wettkampfperioden	
WKP I	**WKP II**
• Reaktivkraft- und Schnellkrafttraining, Schnelligkeits- und Schnelligkeitsausdauertraining • Gruppen- und Mannschaftstaktik, spielstrategisches Training • Mannschaftstraining unter psychischem Druck • Verbesserung der im Spiel erkannten technischen und taktischen Mängel	• Intramuskuläres Koordinationstraining, Reaktivkraft- und Schnellkrafttraining • Schnelligkeits- und Schnelligkeitsausdauertraining • Mannschaftstaktik • Spielstrategien festigen und trainieren
Intensität: 80–100 % Umfang: 60–80 %	Intensität: 80–100 % Umfang: 50–70 %

trieren sich die Schwerpunkte auf den regenerativen Bereich. Dabei müssen diese sowohl auf den athletischen wie auch auf den kognitiven, psychischen, sozialen und emotionalen Bereich gelegt werden. Inhalte dieser Trainingsperiode sind vor allem Ausgleichs- und Ergänzungssportarten, eine völlige Umstellung der gewohnten Trainingsbedingungen (Gruppe, Örtlichkeit etc.) sowie körperlich regenerative Maßnahmen wie Physiotherapie, Sauna, Massage, Ausgleichsgymnastik. Es wird bewusst ein Rückgang der sportlichen Form in Kauf genommen.

Jeder Trainer sollte langfristig vor Beginn der Saison eine derartige Jahrestrainingsplanung erstellen. Allerdings tritt in den letzten Jahren verstärkt ein neues Problem auf, für das bislang nur wenige erprobte Lösungen existieren. Während eine standardisierte Planung eines Trainingsjahrs im Volleyball eine Vorbereitungsperiode in den Monaten Mai bis September, eine Wettkampfperiode von Oktober bis März und eine Übergangsperiode im April und Mai vorsieht, lässt der Boom im Beachvolleyball eine zweite Jahrestrainingsplanung entstehen, die sich zumindest in den Bereichen der Vorbereitungs- und Übergangsperiode mit dem Hallentrainingsplan stark überschneidet.

Bei dem Trainingsplan einer Mannschaft, die an einer regulären Spielrunde teilnimmt, geht man von einer Normalrunde aus, die Mitte Oktober beginnt und Ende März beendet ist. Unabhängig von der wöchentlichen Trainingshäufigkeit kann man die Planung durchziehen, wie im Folgenden beschrieben. Dabei wird von einer Vorbereitung in 3 Perioden ausgegangen (VP I, VP II, VP III), von denen zwei vor der Saison angelegt sind, die dritte vor dem Rückrundenstart.

In den ersten beiden Vorbereitungsperioden wird vom Allgemeinen zum Speziellen und vom individuellen zum gruppen- und mannschaftstaktischen Verhalten hin gearbeitet.

Zwischen der Vorbereitungsperiode II und der eigentlichen Wettkampfperiode (WP I) wird eine so genannte Vorwettkampfperiode eingelegt, in der alle neu akkumulierten konditionellen, technischen und taktischen Voraussetzungen in Testwettkämpfen angewandt werden.

Die Wettkampfperiode teilt sich in eine Hin- und eine Rückrunde (WP I und WP II). Dabei gibt es – soweit dies vor Saisonbeginn planbar ist – leichte (C), mittelschwere (B) und schwere (A) Spiele. Vor den leichten Spielen kann man entwickelnde Mikrozyklen einbauen, vor den schweren Spielen wird mit erhaltenden Mikrozyklen gearbeitet.

Der Trainingsplan einer Mannschaft, die von der erwarteten Leistungsentwicklung her in jedem Fall an den Play-Off-Spielen teilnehmen wird, hat einen größeren Umfang. Ähnlich verhält es sich, wenn eine Relegationsrunde mit sehr hoher Wahrscheinlichkeit erreicht wird.

In der langen Übergangsperiode werden sehr viele Beach-Turniere gespielt, wobei das Training und Spiel im Sand nahezu genau den Bedingungen des Maximalkrafttrainings entspricht. Gleichzeitig sollte das Stabilisationsprogramm täglich – unabhängig vom Training – durchgeführt werden. Die normale Spielsaison wird größtenteils als Vorbereitung für die wichtigen Play-Off-/Relegationsspiele verwendet, die den eigentlichen Saisonhöhepunkt darstellen.

Makrozyklus oder Mehrwochen-Trainingsplan

Der Makrozyklus umfasst einen Zeitraum zwischen 2 und 6 Wochen, in

Makrozyklus einer Mannschaft innerhalb der Vorbereitungsperiode I im Mai

	1. Woche	2. Woche	3. Woche
Umfang	75 %	80 %	85 %
Intensität	60 %	65 %	70 %
Inhalt	**Krafttraining** • Aerobe Ausdauer • Muskelaufbau • Verbesserung der Technik und Individualtaktik (z. B. Erlernen und Verbessern der Abwehrtechniken)	**Krafttraining** • Aerobe Ausdauer • Muskelaufbau • Verbesserung der individuellen situationsspezifischen Abwehrtechniken	**Krafttraining** • Aerober Ausdauer • Muskelaufbau • Verbesserung der individuellen • Abstimmung von Block- und Feldabwehr (Wahrnehmung) in Verbindung mit Beachvolleyball

Mikrozyklus in der Vorbereitungsperiode II im September							
	Montag	Dienstag	Mittwoch	Donnerstag	Freitag	Samstag	Sonntag
Umfang	X	120 Min.	X	120 Min.	X	X	X
Intensität		70 %		80 %			
Inhalt		**Koordination** • Individualtaktik • Gruppentaktik, Block Feldabwehr • Schnellkraftausdauer		**Schnelligkeitsausdauer** • Komplexes Training, Block und Feldabwehr • Konzentrationsausdauer			

denen nur ein Teilziel verwirklicht werden sollte. Er hat entwickelnde bzw. erhaltende Inhalte.
Die Ausdauer-Einheiten finden an den Tagen statt, an denen kein Krafttraining eingeplant ist, und orientieren sich an der aerob-anaeroben Schwelle (Fahrtspiele).
In einem erhaltenden Makrozyklus bleiben die Belastungskomponenten (Umfang und Intensität) konstant oder verringern sich gar.

Mikrozyklus oder Wochentrainingsplan

Im Volleyball umfasst der Mikrozyklus in der Regel den Stundenplan für eine Trainingswoche. Er ist charakterisiert durch die Variation der Hauptaufgaben innerhalb der Trainingseinheiten.

Trainingseinheitenplan

Jedes Training wird hinsichtlich seiner zeitlichen und inhaltlichen Gliederung aus mehreren Einzelteilen aufgebaut, die sich gegenseitig bedingen und beeinflussen, aber dennoch in ihrer Wirkung eine Eigenständigkeit darstellen. Eröffnet wird jedes Training durch einen Einleitungs- oder Erwärmungsteil. Hierbei werden die Spieler körperlich, kognitiv, koordinativ, taktisch und emotional auf den Hauptteil der Trainingseinheit vorbereitet. In diesem werden dann die Hauptinhalte des Trainings verwirklicht. Anschließend erfolgt im Ausklang oder Schlussteil ein kognitives und konditionell-emotionales Cooldown, in dem der Sportler wieder nahe an den Ausgangs- und Ruhezustand gebracht werden soll.

Trainingswoche einer Bundesligamannschaft in der Wettkampfperiode II							
	Montag	**Dienstag**	**Mittwoch**	**Donnerstag**	**Freitag**	**Samstag**	**Sonntag**
Umfang	75 Min.	70 + 120 Min.	180 Min.	70 + 100 Min.	90 Min.	x	60 Min. + Spiel
Intensität	30 %	80 %	80 %	90 %	95 %		40 %/100 %
Inhalt	• Regenerationslauf • Sauna	• Vormittags: Individuelles Krafttraining Nachmittags: • Kraftumsetzung, • komplexes Training Block/Feldabwehr gegen 2 Vorderspieler	Abend: • Komplexes Training Aufschlag und K I gegnerspezifisch	• Vormittags: Individuelles Krafttraining Nachmittags: • Verbesserung der eigenen Angriffsabstimmung (K I und K II)	Nachmittags: • Schnelligkeit, Aufschlag/Annahme, • Schnellkraftausdauer		• Vormittags: Schnelligkeit, • Aufschlag/Annahme • Spiel

Die Art der Aufzeichnung ist individuell. Wichtig ist nur, dass der Trainer selbst alle seine Vorüberlegungen und Planungen übersichtlich darstellt.

Jahrestrainingsplan – Beach

Heute gibt es immer mehr Volleyballer, die sowohl bei den Hallen- als auch bei den Beachwettkämpfen erfolgreich spielen. Diese Sportler sollten von Januar bis März mindestens einmal in der Woche auf Sand (in den Beachhallen) zusätzlich trainieren. Wenn möglich sollten auch die Beach-Indoor-Turniere gespielt werden mit Zielaufgaben im individuellen technischen und taktischen Bereich. Die Inhalte der anderen Perioden entsprechen denen der Halle, wobei die ersten Turniere in der Wettkampfperiode als Aufbauturniere genutzt werden können.

Vorbereitungsperiode I

In dieser Periode, in der die Hallenwettkämpfe stattfinden (bei je nach Spielklasse 2–6 Hallentrainingseinheiten), sollten die Spieler, die im Sommer Beachvolleyball spielen wollen, zusätz-

Der Erfolg kann auch im Beachvolleyball geplant werden.

Trainingsplan – Halle, Beach						
Hallenspieler und Beachspieler	• WKP II Halle mit 1. Trainig in der Woche • Beach, evtl. Beach-Indoor-Turniere • VP I Beach 10–12 Wochen • Krafttraining • Beach	• ÜP Halle 1 Woche • Krafttraining Beach	• ÜP Halle 3 Wochen • VP II Beach	• VP I Halle 11 Wochen • WKP Beach	• VP II Halle 1 Woche • ÜP Beach	• VP II und WKP I Halle • Evtl. 1x Beach (Koordination)
Monat	Januar, Februar, März	April	April	Mai, Juni, Juli, August	August	September, November, Dezember
Intensität **Umfang**	60% 20%	80% 60%	90–95% 100%	90–100% 80%	30% 30%	s. Halle

Vorbereitungsperiode I		
Januar	**Februar**	**März**
• Verbesserung der Individualtechnik und -taktik Aufschlag/Annahme • Verbesserung der koordinativen Fähigkeiten: Reaktion und Orientierung • Krafttraining, Muskelaufbau nach dem Hallentraining und tägliches Kraftausdauerprogramm für die Haltemuskulatur (Halle/Beach)	• Individualtechnik und -taktik Zuspiel/Angriff • Verbesserung der koordinativen Fähigkeiten: Gleichgewicht und Orientierung • Krafttraining beibehalten, 75–80%	• Individualtechnik und -taktik Block/Abwehr • Verbesserung der Reaktions-, Antizipations- und Orientierungsfähigkeit • Krafttraining beibehalten, spezielles Ausdauertraining

Vorschlag für einen Wochenplan in der Vorbereitungsperiode II						
Montag	**Dienstag**	**Mittwoch**	**Donnerstag**	**Freitag**	**Samstag**	**Sonntag**
Vormittag: • 10–12 Uhr Balltraining Side-out	• 9–10 Uhr Krafttraining • 10–12 Uhr Balltraining Side-out	• 10–12 Uhr Balltraining Blockabwehr	• 9–10 Uhr Krafttraining • 10–12 Uhr Balltraining Aufschlag	• 10–12 Uhr Balltraining Blockabwehr	• 9–10 Krafttraining • Spiel	• 10–12 Spiel
Nachmittag: • 15–18 Uhr Spiel	• 15–18 Uhr Balltraining Aufschlag-training	• Regeneration	• 15–18 Uhr Spiel	• 15–18 Uhr Balltraining Side-out	• 15–18 Uhr Spiel	• Regeneration

lich Beachinhalte, die der VP I (Beach) entsprechen, in ihr Trainingsprogramm einbauen.

Die Ziele der VP I:

- Erlernen und Festigen der speziellen Beachtechniken.
- Verbesserung des individualtaktischen und -technischen Handelns.
- Verbesserung der konditionellen, koordinativen und psychischen Fähigkeiten.

Vorbereitungsperiode II

Das Problem ist, innerhalb dieser Zeit ein optimales technisches, athletisches und psychisches Niveau zu erreichen. Daher sollten auch die Spieler der unteren Klassen in dieser Periode nicht unter einem Umfang von 3–6 x 2 Stunden Beachtraining in der Woche und mindestens 2 x Krafttraining betreiben. Zwei Trainingsspiele in der Woche sowie evtl.

ein Vorbereitungsturnier am Wochenende sind anzustreben. Ideal in dieser Periode wären ein Trainingslager über 2 Wochen bzw. alternativ mehrere Wochenendtrainingslager.

Die Ziele der VP II:

- Stabilisierung und Perfektionierung von speziellen Beachtechniken.
- Verbesserung des gruppentaktischen und strategischen Handelns.
- Verbesserung der konditionellen, koordinativen und psychischen beachspezifischen Fähigkeiten.

Wettkampfperiode

Die ersten Turniere können für die Bundesligaspieler (Halle) als Aufbauturniere gesehen werden. Sportler, die in der Halle nicht so hochklassig spielen, könnten Vorteile haben, wenn sie schon bei den ersten Turnieren ihr optimales Beach-Niveau erreicht haben. Um dieses Ziel zu realisieren, müssten sie wesentlich früher mit der Vorbereitung beginnen.

Die Ziele der Wettkampfperiode:

- Ausmerzen der in den Wettkampfspielen auftretenden Mängel.
- Verbesserung des strategischen und mannschaftstaktischen Handelns.
- Erhalten der konditionellen, koordinativen und psychischen Fähigkeiten.

Als Trainingskompromiss Beach – Halle könnte das Verhältnis 5 : 1 angestrebt werden.

Der Beachspezialist fängt schon Mitte Oktober mit der Vorbereitungsperiode I an. Bei gutem Wetter sollte er im Freien trainieren, andernfalls in der Halle.

Der größte Teil der VP II findet in der Beachhalle statt. Im Februar sollte ein zweiwöchiges Trainingslager in einem Land, in dem die Temperaturen es erlauben, draußen zu spielen, durchgeführt werden. Ab März wird ausschließlich im Freien trainiert – egal, ob es regnet, schneit, windet oder die Sonne scheint.

Die Wettkampfperiode wird entsprechend der Turnierwertung in wichtige und Aufbauturniere eingeteilt. In den Wochen mit wichtigen Turnieren wird darauf hin trainiert, dass die Spieler ihre optimale Form erreichen. Die Aufbauturniere können als Leistungskontrolle dienen und es wird entsprechend über diese Events hinaus trainiert.

Vorschlag für einen Jahrestrainingsplan – Beach

Beachspezialist	VP II 10–12 Wochen	WKP 24–27 Wochen	ÜP 3–5 Wochen	VPI 6–9 Wochen
Monat	Jan. Feb. März April Mai Juni Juli Aug. Sep. Okt. Nov. Dez.			

Störfaktoren

①–⑪ **Übungen mit einem Ball zum Aufwärmen**

Die Planung stellt den übergeordneten Leitfaden für das Training dar, jedoch ist die aktuelle Umsetzung ständig darauf angewiesen, die Planung mit der wirklichen Situation zu vergleichen und zu überarbeiten. Folgende Faktoren können und werden ständig zu Änderungen der Trainingsplanung führen:

- Unerwartete Kontrollergebnisse (Wettkampfergebnisse oder Leistungstests).
- Verletzungen, Krankheiten.
- Veränderte Rahmenbedingungen (neue Hallentrainingszeiten, Änderung der Wettkampfzeiten etc.).
- Psychische Faktoren (im sportlichen und privaten Bereich).
- Mögliche Regeländerungen (Libero, Rally-point etc.).

Zusammenfassend lässt sich feststellen, dass es sehr wichtig ist, das Training weitestgehend vorzuplanen. Im günstigsten Fall werden in die Planung auch schon mögliche auftretende Störfaktoren eingearbeitet.

Bei der eigentlichen Trainingsumsetzung geht es dann darum, die Trainingsplanung an die jeweilig aktuelle Situation anzupassen, bevor und auch während das eigentliche Training stattfindet:

- Aufwärmprogramme mit propriozeptivem Training
- Krafttrainingsprogramm
- Theraband-Trainingsprogramm
- Cool-down-Programm

①–⑤ **Mobilisationsprogramm mit einem Ball**

⑥–⑪ **Kräftigungsprogramm mit einem Ball**

Übungsprogramme zur Kräftigung:
① der Bauchmuskulatur
② der Rückenmuskulatur seitlich-oben und -unten
③ der gesamten Rückenmuskulatur

④ Propriozeptives Krafttraining Oberes Zuspiel
⑤ Propriozeptives Krafttraining Unteres Zuspiel

Übungsprogramme zur Stabilisation und Kräftigung mit zwei Bällen

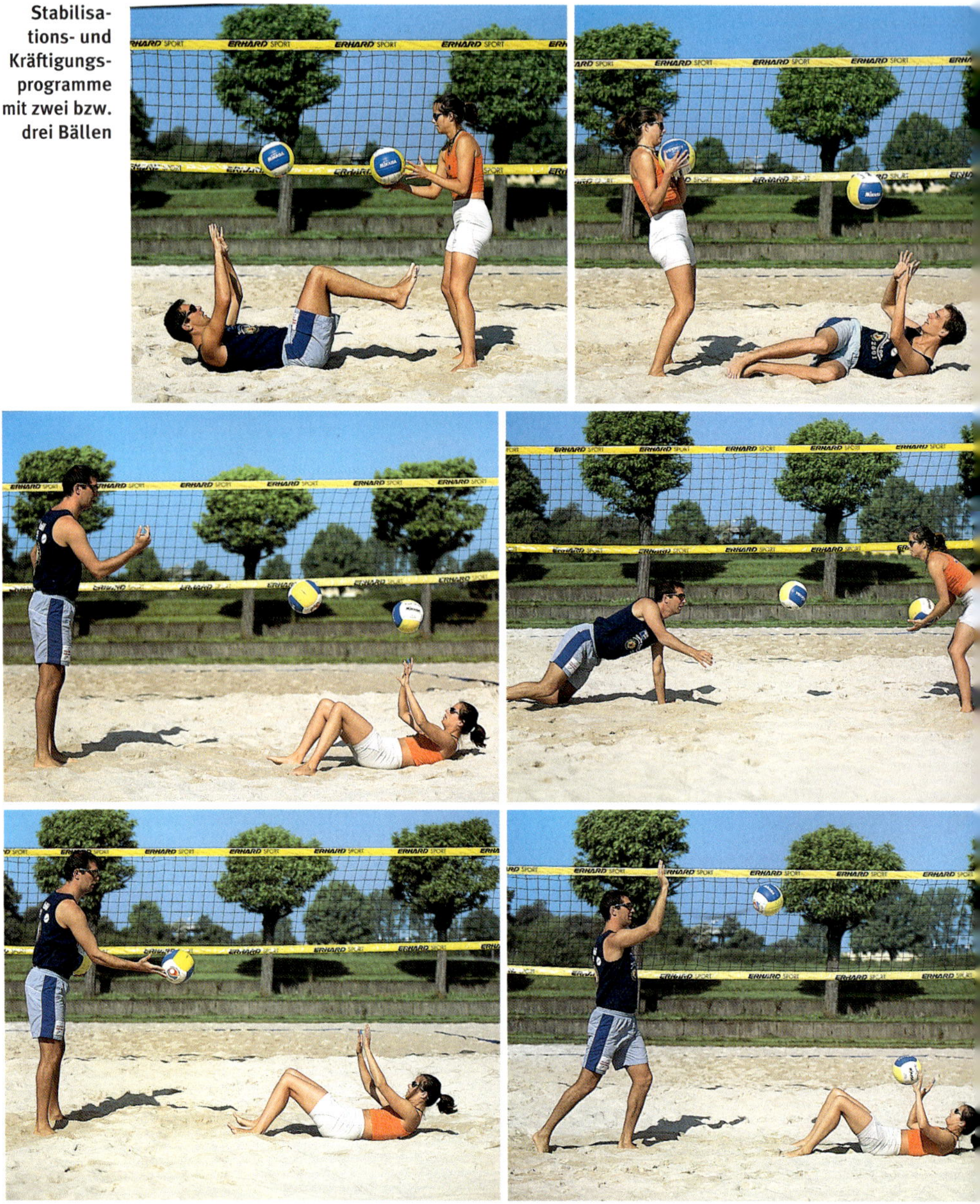

Stabilisations- und Kräftigungsprogramme mit zwei bzw. drei Bällen

ERHARD SPORT

ERHARD SPORT

ERHARD SPORT

ERHARD SPORT

ERHARD SPORT

ERHARD SPORT

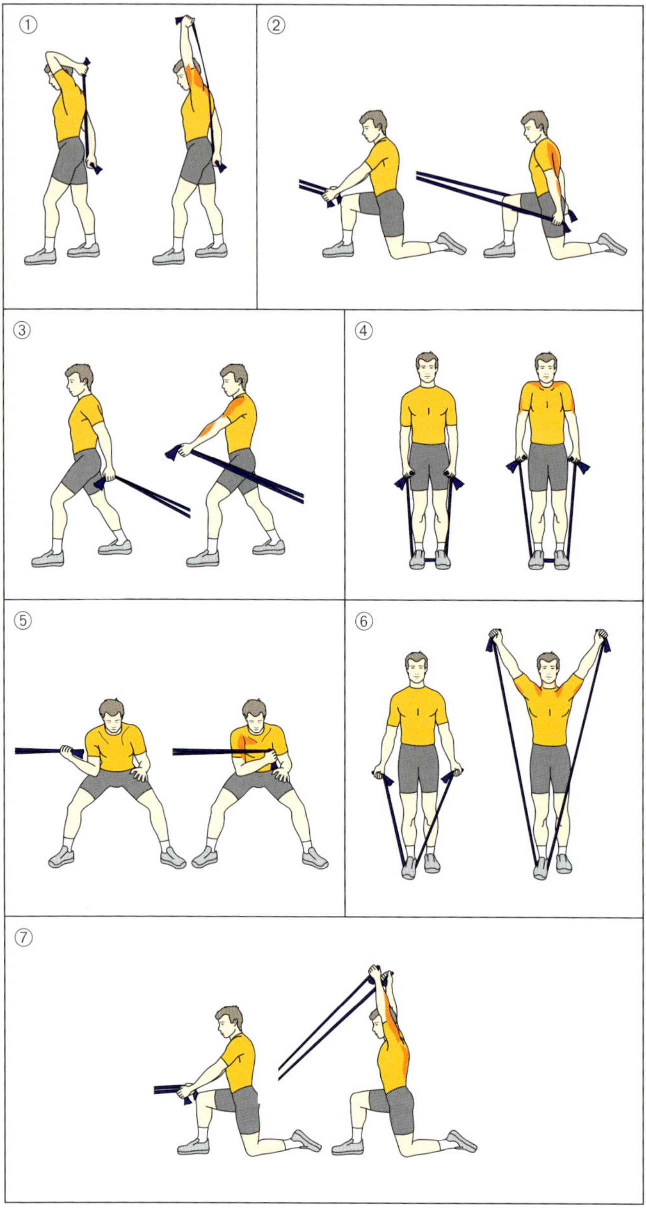

Linke Seite: Krafttrainingsprogramm mit Theraband

① Kräftigung der Armmuskulatur

② Kräftigung der hinteren Arm- und Schultermuskulatur, Stabilisation des Schultergürtels

③ Kräftigung der vorderen Arm- und Schultermuskulatur, Stabilisation des Schultergürtels

④ Kräftigung der oberen Schultergürtelmuskulatur

⑤ Kräftigung der Innendreher der Schulter

⑥ Kräftigung der seitlichen Schultermuskulatur

⑦ Kräftigung der vorderen Schulter- und hinteren Schultergürtelmuskulatur

Rechte Seite: Krafttrainingsprogramm mit Lang- und Kurzhanteln

① Kniebeuge 90°

② Seitlicher Ausfallschritt

③ – ④ Übungsformen mit Kurzhantel

⑤ Tiefe Kniebeuge

⑥ Rudern

⑦ Bankdrücken

⑧ Tiefes Umsetzen

⑨ Hohes Umsetzen

⑩ Treppensteigen

⑪ Ausfallschritt vorwärts

⑫ Übungsform mit Kurzhantel

①
②
③
④
⑤
⑥
⑦
⑧
⑨
⑩
⑪
⑫

Passives Dehnen im Cool-down-Programm

Taktik

»Taktik ... umfasst allgemein planvolle Einzelschritte im Rahmen eines Gesamtkonzeptes (Strategie).« (Kern, 1989, S. 13) Man versteht unter Taktik auch »die während des Wettkampfes getroffenen Entscheidungen, die unmittelbar das Wettkampfgeschehen beeinflussen«, sowie »die längerfristigen strategischen Überlegungen«. (Kern, 1989, S. 14) Martin u. a. (1993) bezeichnen Taktik als »den Einsatz eines Systems von Handlungsplänen und Entscheidungsalternativen, das Handlungen so zu regeln gestattet, dass ein optimaler sportlicher Erfolg möglich wird.«
Im Bereich der großen Spielsportarten wird man das taktische Handeln grundsätzlich in mehrere generell unterschiedliche Bereiche untergliedern. Man spricht von individualtaktischen, gruppentaktischen und mannschaftstaktischen Verhaltensweisen. Zudem findet man noch häufig den Begriff Strategie.

Individualtaktik

Das individuelle Verhalten eines einzelnen Spielers bezogen auf den Ball, einen Mit- oder Gegenspieler sowie die Umgebung bezeichnet man als Individualtaktik. Dabei schmelzen die Begriffe Technik und Individualtaktik sehr eng zusammen. Hier zählt das Spielen des Balles selbst mit Hilfe eines standardisierten, aber vor allem im Bereich des im Techniktraining unter erschwerten Bedingungen erworbenen flexiblen Einsatzes einer Technik in unterschiedlichen Situationen ebenso wie das signifikante Wahrnehmen der jeweiligen Spielsituation. Beispielsweise erfolgt das Annehmen des Balles mittels spezifischer Anwendung erworbener Techniken. Dabei muss der Spieler situativ die optimal passende Techniklösung erfolgreich anwenden.

Auszeit: Taktische Neueinstellung durch den Trainer

Damit ist das individualtaktische Verhalten eines jeden einzelnen Spielers entscheidend für den Erfolg in fast jeder Situation. Die bewusste Ausbildung dieser situationsspezifischen Handlungen sollte von Beginn des Techniktrainings an einen sehr hohen Stellenwert besitzen.

Beispiel:
Nachdem die Annahme des Balles im Unteren sowie Oberen Zuspiel erlernt wurde, sollte möglichst nicht mehr vorgegeben werden, wie ein anfliegender Ball angenommen werden darf. Vielmehr sollte von Beginn an Wert darauf gelegt werden, dass die Bälle situativ richtig gespielt werden. Ein flach ankommender Ball sollte möglichst im Unteren, ein hoch anfliegender Ball im Oberen sowie ein scharfer Ball eher im Unteren Zuspiel angenommen werden.

Ebenso verhält es sich in der Ausbildung des Angriffs. Hier muss zwar der Angriffsschlag mittels eines Technikerwerbstrainings erst einmal ausgebildet werden. Bald sollte er dann aber situativ angewendet werden, wodurch die Spieler gezwungen sind, Entscheidungen über die Art und Variation der Angriffstechnik zu fällen.
Die Spieler sollten aufgrund ihrer Eigenschaften, Fähigkeiten und Fertigkeiten ganz bestimmte Spielerprofile anstreben.

Der Zuspieler (Z), der Spielgestalter, die rechte Hand des Trainers, der Motor der Mannschaft, sollte sehr gute koordinative konditionelle und psychische Fähigkeiten besitzen. Er ist als einziger Spieler an fast jeder zweiten Aktion (Zuspiel

Zuspieler (links)

aus der Annahme, aus der Abwehr) beteiligt. Es sollten nicht immer die Kleinsten, also jene Sportler, die aufgrund ihrer körperlichen Voraussetzungen nicht optimal angreifen können, als Zuspieler ausgebildet werden, sondern die physisch und psychisch Großen, Starken, die Führungsqualitäten beweisen und sich mit der Rolle des Spielgestalters identifizieren. Der Zuspieler ist das Mannschaftsmitglied, das das taktische Konzept des Trainers in die Tat umsetzt.

Der Annahmespieler (AA) ist in allen 6 Aufstellungen im Annahmeriegel. Um diese Aufgabe zu bewältigen, benötigt er eine gute Beobachtungsfähigkeit, Antizipation, Umstellungsfähigkeit, Kopplungsfähigkeit, Reaktionsfähigkeit, Schnelligkeit, Sprungkraft und psychische Stärke. Eine gute Annahme ist die Voraussetzung für einen erfolgreichen Spielzug, die Annahmestrategie bedingt

① **Annahmespieler/ Außenangreifer**

also die Angriffsstrategie. Der Annahmespieler greift immer auf den Außenpositionen (Pos. IV oder II) den 2. Ball in einer Kombination sowie das Hinterfeld B (von der Pos. VI) an. Im Block spielt er als Außenblockspieler (Pos. IV oder II) und in der Feldabwehr agiert er auf Position VI (er hat den größten Abwehrbereich abzudecken). Variabiltät und Durchsetzungsvermögen im Angriff bei nicht optimaler Annahme und Zuspiel kennzeichnen diesen Spielertyp.

Der Diagonalspieler (D) ist der beste und erfolgreichste Angreifer der Mannschaft, da er auf allen Positionen eingesetzt werden kann. Sprungkraft, Schlagkraft, Angriffsvariabilität, Durchsetzungsvermögen (auch gegen einen gut postierten 3-er-Block) sind die entscheidenden Qualitäten dieses Spielertyps. Er wird meistens aus dem Annahmeriegel vorne und hinten herausgenommen, um sich auf den Angriff zu konzentrieren.

Der Schnellangreifer oder Mittelblockspieler (MB) ist meistens sehr groß, sein Einsatz im Angriff ist von einer guten Annahme und von der Qualität des Zuspielers abhängig. Der Angriff ist immer in der ersten Welle (Aufsteiger vorne und hinten, 2–4-m-Schuss) und zeichnet sich durch ein vielfältiges Schlagrepertoire aus. In der Defensive (Block) kann er als Blockorganisator bezeichnet werden, da er an fast allen Blockaktionen beteiligt ist. Er verfügt über eine gute Antizipation und Reaktion. Die Qualitäten dieses Spielertyps liegen am Netz (Block und Angriff). Der »Netzspezialist« wird in der Abwehr oft vom Libero ersetzt.

② **Diagonalspieler (Hinterfeldangriff)**

③ **Schnellangreifer/ Mittelblockspieler (Aufsteiger Kopf)**

Der Libero (L) sollte vorwiegend in den defensiven Elementen seine Stärken haben. Je nach Einsatz sollte er überdurchschnittliche Qualitäten in der Annahme und der Abwehr besitzen, wobei ihm gerade im Abwehrbereich neben den rein technischen Voraussetzungen auch ausgezeichnete Qualitäten in der Beobachtungs- und Antizipationsfähigkeit sowie strategische Fähigkeiten weiterhelfen. Der Libero sollte Ruhe und Sicherheit ausstrahlen und die Mannschaft auch im mentalen Bereich unterstützen können. Erfahrung, evtl. im Beachvolleyball, und eine positive Ausstrahlung können ihm helfen.

Gründe für den Einsatz eines Liberos/taktische Möglichkeiten

- Verbesserung der Annahmequalität durch einen annahmestarken Libero (für den annahmeschwächsten Spieler).
- Verbesserung der Abwehrqualität durch einen abwehrstarken Libero (für einen abwehrschwachen Spieler).
- Verbesserung der Einflussnahme durch den Trainer im taktischen Defensivbereich (als verlängertes Sprachrohr des Trainers).
- Möglichkeiten, einen sehr spezialisierten Blockspieler oder Angreifer ohne defensive Fähigkeiten durchgängig am Netz einsetzen zu können.
- Möglichkeiten, einen einzelnen Spieler kurzzeitig aus dem Feld zu nehmen, um ihm taktische Hilfestellungen – oder aber im Jugendbereich auch Korrekturen – geben zu können.
- Möglichkeiten, ermüdeten bzw. stark belasteten Spielern Pausen zu gönnen.
- Möglichkeit, einem Sportler Spielpraxis zu geben, der entweder noch nicht (weil er noch zu jung ist) oder aber ak-

Libero (Pfeil)

tuell nicht (weil er gerade eine Verletzung im Sprungbereich auskuriert) am Netz eingesetzt werden kann.
Spezielle mannschaftstaktische Überlegungen können bei gezieltem Einsatz eines Liberos als Hauptannahmespieler Möglichkeiten eröffnen, mit weiteren Rückraumangreifern auf den Außenpositionen oder aber mit mehreren Schnellangreifern zu agieren.
Da die taktisch anspruchsvollste Position VI vom Außenangreifer übernommen wird (Hinterfeldangriff), sollte ein sehr guter Libero auf die Position V ausweichen
Der Libero sollte eine zentrale Rolle bei der Erarbeitung und Umsetzung der Defensivstrategie bekommen und hier direkter Partner des Trainers sein.

Gruppentaktik

Sobald eine Handlung direkten Bezug zu einem oder mehreren Mitspielern hat, spricht man von Gruppentaktik. Dieses Verhalten findet sich beim Volleyball unter anderem bei der Bildung von Annahmeriegeln, eines Doppelblocks oder aber eines abgestimmten Abwehrverhaltens beispielsweise von zwei Spielern, die gemeinsam für diagonal geschlagene Angriffe zuständig sind. Hier spielt vor allem die Kommunikation eine entscheidende Rolle. Und zwar sowohl vor dem Auftreten der Situation in Form einer genau geplanten Aufgabenverteilung als auch in der Situation selbst, in der die Feinabstimmung durch optische und vor allem akustische, selten auch taktile Kommunikation erfolgt.
Das Training der Gruppentaktik sollte relativ früh in einer allgemein gehaltenen Art erfolgen, indem Übungen ausgesucht werden, die die Absprache und Kommunikation zwischen Spielern erfordern.
Beispiel: Zwei Spieler sind für die Abwehr kurz gespielter Finten zuständig. Beide bewegen sich schnellstmöglich zum Spielort, wobei der besser postierte seinen Vorteil erkennt, den Mannschaftskollegen akustisch verständigt und dieser seine Aktion abbricht bzw. gleich in die Folgeaktion umleitet.

> Häufiges paarweises Einspielen fördert das gruppentaktische Verhalten zu wenig.

Mannschaftstaktik

Sind an einer taktischen Handlung – oder zumindest der geplanten Umsetzung – alle Spieler beteiligt, so spricht man von einer Mannschaftstaktik. Hier ist einer bestimmten Situation jedem Spieler genau eine Aufgabe zugewiesen. Je besser die Mannschaftstaktik ausgearbeitet ist, desto mehr alternative Handlungsaufgaben sind für jeden Sportler für jeweils auftretende Spielsituationen eingeplant. Im Volleyball wird unter anderem für das Annahme-

verhalten in Verbindung mit dem sofortigen Angriffsaufbau, für das Zusammenspiel der Block- und Abwehrspieler – möglicherweise in Verbindung mit dem eigenen Aufschlagspieler – sowie den Gegenangriff nach einer Abwehr- oder »Dankeball«-Situation eine Mannschaftstaktik ausgearbeitet. Hierbei sind stets alle Spieler inbegriffen.
Die erfolgreiche Umsetzung einer Mannschaftstaktik hängt von mehreren Faktoren ab: Zum einen ist die äußerst disziplinierte Umsetzung seiner Aufgaben durch jeden Spieler grundlegend wichtig. Darüber hinaus muss aber auch jeder Sportler seinen ihm zugedachten Handlungsraum individualtaktisch möglichst optimal lösen, wobei gruppentaktische Verhaltensweisen fast in jeder Aktion eine Rolle spielen.
Beispielsweise ist im Abwehrverhalten eine exakte Aufteilung der Aufgaben im mannschaftstaktischen Sinne ebenso wichtig wie die disziplinierte Einhaltung derselben durch jeden einzelnen Spieler. Darüber hinaus gibt es jedoch stets zwischen den Aufgabenbereichen zweier oder mehrerer Mannschaftsmitglieder Freiräume, die von mehreren Spielern abgedeckt werden können. Hier spielt die Kommunikation und Abstimmung eine entscheidende Rolle (Gruppentaktik). Doch selbst wenn diese funktioniert und damit die Zuständigkeit für einen abzuwehrenden Ball exakt einer bestimmten Person zufällt, die das auch weiß, so ist die Anwendung der Erfolg versprechenden Technik ebenso wichtig wie deren fehlerfreie Umsetzung.
Das Training von mannschaftstaktischen Verhaltensweisen sollte grundsätzlich erst erfolgen, wenn die Spieler individual- und gruppentaktisch bereits entsprechende Voraussetzungen besitzen. Dabei sollte unbedingt erst mit einfachen mannschaftstaktischen Systemen begonnen werden, bevor im Lauf der leistungssportlichen Ausbildung exakt durchgeplante und auf den Gegner zugeschnittene Systeme folgen.

Verschiedene mannschaftstaktische Modelle

In der heutigen Zeit spielen alle Männermannschaften das 1:5-System, bei den Damen wird, wenn auch sehr selten, das 2:4-System erfolgreich eingesetzt. Vor den Regeländerungen gab es verschiedene Grundaufstellungen. Derzeit spielen alle international erfolgreichen Mannschaften mit folgender Grundaufstellung:

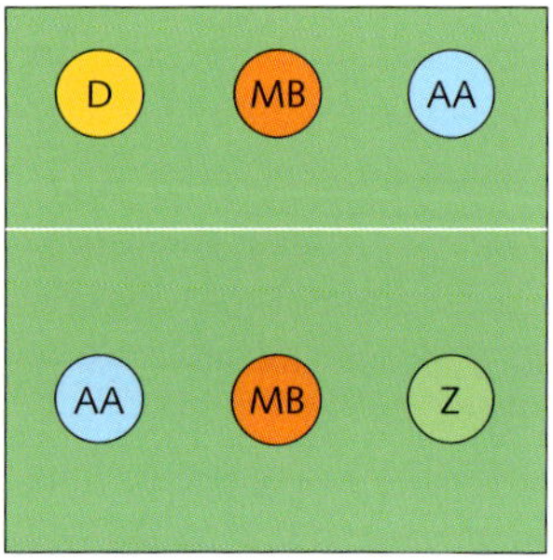

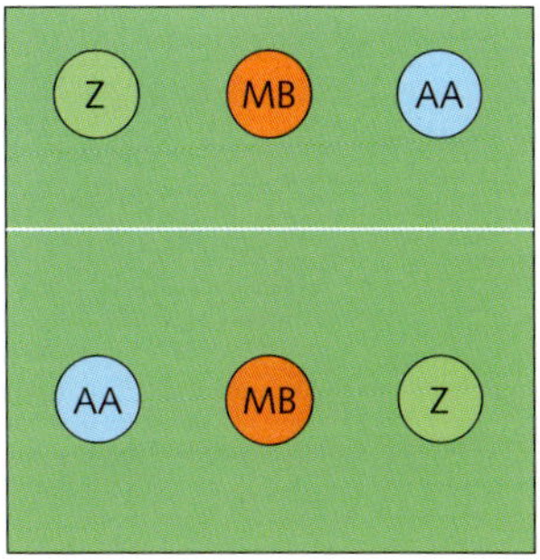

Spielsysteme:

Beim 1:5-System besteht die Mannschaft aus 1 Zuspieler (Z), 1 Diagonalspieler (D), 2 Annahme-/Außenspielern (AA) und 2 Mittelblockspielern (MB). Beim 2:4-System werden 2 Zuspieler (Z), 2 Annahmespieler/Außenangreifer (AA) und 2 Mittelblockspieler (MB) aufgestellt.

Der Annahmeriegel

Fünfer-, Vierer-, Dreier- und Zweier-Annahmeriegel waren vom Freizeit- bis zum Hochleistungssportler früher die gebräuchlichsten Aufstellungen im Erwarten des gegnerischen Aufschlags. Durch die Möglichkeit, den Libero als zusätzlichen Annahmespieler einzuwechseln, hat sich in allen Klassen eine Dreier-Annahmeriegel-Formation durchgesetzt. Die Hauptlast der Annahme wird von den Annahme-/Außenspielern und dem Libero (diese Spieler stehen immer im Annahmeriegel) getragen. Alle anderen Mannschaftsmitglieder können außer dem Zuspieler (beim System 1:5) als Hilfsannahmespieler agieren. Nur bei sehr guten Sprungaufschlägen wird ein Vierer-Annahmeriegel bevorzugt.
Bei Flatteraufschlägen (obwohl sie im männlichen Spitzenbereich selten vorkommen) wird mit einem Zweier-Annahmeriegel gespielt.

Angriff (Passverteilung/Zuspiel)

Mit der Annahme des Aufschlags über einen bestimmten Annahmeriegel wird über ein variables Zuspiel der Angriff eingeleitet.
Durch ein variantenreiches Zuspiel sollen eine gute Doppelblockbildung und eine gute Positionierung der Abwehr erschwert oder gar verhindert werden.
Um die Kommunikation zwischen dem Zuspieler und den Angreifern sowie dem Trainer mit dem Zuspieler zu erleichtern, werden die Pässe nummeriert oder codiert.
Der Aufsteiger vorne, hinten und der 2–3-m-Schuss zählen zu den schnellen Pässen, auch Pässe der 1. Welle genannt. Der Angreifer springt vor bzw. mit dem Zuspiel ab und schlägt den Ball in der aufsteigenden Phase.
Bei den Pässen der 2. Welle leitet der Angreifer seinen Stemmschritt dann ein, wenn der Zuspieler den Ball in der Hand hat oder kurz danach.
Hierzu können alle Kombinationspässe, die Pässe auf Posistion IV und II sowie die Hinterfeldpässe gezählt werden.

Fünfer-Annahmeriegel mit Libero

Vierer-Annahmeriegel ohne Libero

①–④ Annahmeriegelformationen

⑤–⑩ Annahme- und Angriffsstrategien

Läufer I (Dreier-Annahmeriegel mit Libero)

Läufer VI (Dreier-Annahme-

Läufer IV (Dreier-Annahmeriegel mit Libero)

Läufer III (Dreier-Annahme-

Dreier-Annahmeriegel mit Libero

Zweier-Annahmeriegel ohne Libero

riegel ohne Libero)

Läufer V (Vierer-Annahmeriegel mit Libero)

riegel ohne Libero)

Läufer II (Dreier-Annahmeriegel ohne Libero)

Läufer I: Kreuzkombination zwischen Position III und II

Die Pässe der 3. Welle sind im männlichen Spitzenbereich die Notbälle (schlechte Annahme, schlechte Abwehr, der Ball kann nur noch hoch außen oder in das Hinterfeld gespielt werden). Der Angerifer leitet seinen Stemmschritt erst ein, nachdem der Ball den höchsten Punkt der Flugkurve überschritten hat.

Angriffskombinationen

Durch das schnellere Zuspiel (nur noch 1., 2. Welle) und das Einbeziehen der Hinterfeldspieler in die Angriffskombinationen wurde das offensive Spiel noch dynamischer.

Die einfachste Angriffskombination: Der Schnellangreifer läuft zu einem Aufsteiger oder 2-m-Schuss, die Außenangreifer laufen zu schnellen Bällen außen. Bei Läufer I wird meist eine Kreuzkombination zwischen Position III und Position II gespielt. Der Annahmespieler

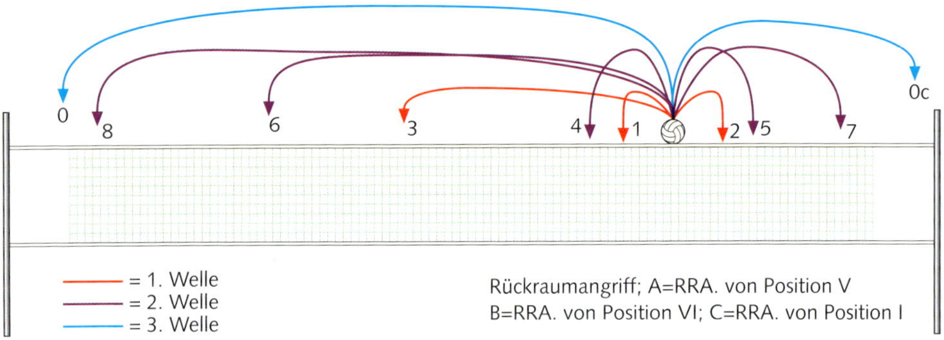

Nummerierung der Pässe:

1 Aufsteiger vorne
2 Aufsteiger hinten
3 2–3-m-Schuss
4 Meterball vorne
5 Meterball hinten
6 Kombinationsball zwischen Position III und IV
7 halbhoher (schneller) Ball Position II
8 halbhoher (schneller) Ball Position IV
0 hoher Ball Position IV und II

A Rückraum Position I
B Rückraum Position VI
C Rückraum Position V

Position V wird trotz der Annahme über Hinterfeld B, allerdings verbunden mit einem 2–3-m-Schuss des Schnellangreifers, eingesetzt.

Bei Läufer VI: Aufsteiger vorne oder hinten (1-2) Position II, halbhoher Ball Position III (7) und IV (8).
2-m-Schuss Position III (3) , Aufsteiger Kopf Position II (2) und halbhoher Ball Position IV (8).
Aufsteiger vorne Position II (1) , Meter vorne Position III (4) und halbhoher Ball Position IV (8).
Aufsteiger hinten Position II (2) , Meter hinten Position III (5) und halbhoher Ball Position IV (8).
2-m-Schuss Position II (3) , habhohe Bälle zu den Spielern auf Position III (7) und IV (8) sowie Hinterfeldangriff B vom Spieler auf Position I.
Bei Läufer V: Aufsteiger Position IV (1) , Meterball Position II (4) und halbhoher Ball Position III (8).
2-m-Schuss Position IV (3) , Meter dazwischen (4) oder halb daneben (6) Position III und halbhoch außen Position II (7).
2-m-Schuss Position IV (3) , Aufsteiger Kopf Position II (2) , halbhoher Ball Position II (8) und Hinterfeldangriff B von Position VI.
Zuspieler Position IV: Aufsteiger oder 2-m-Schuss Position III (1/3), halbhoch außen Position II (8) sowie Hinterfeldangriff A und B von den Spielern Position I und evtl. V.

① **Zuspieler Position IV**
② **Zuspieler Position III**
③ **Zuspieler Position II**

① Switch-Block
② Innenstartposition
③ Außenstartposition

Zuspieler Position III: Aufsteiger vorne und hinten oder 2-m-Schuss Position II (1/2/3), halbhoch außen Position IV (8), Hinterfeldangriff A und B von den Spielern Position VI und evtl. I. Zuspieler Position II: Aufsteiger vorne oder 2-m-Schuss Position II (1/3) halbhoch außen Position III, Hinterfeldangriff A und B von Position V und evtl. VI.

Übungs- und Spielformen zur Festigung des Komplexes K I

- Aufschläge gegen eine Mannschaft, die in verschiedenen Riegelformationen steht. Bei 10 Aufschlägen müssen auch 10 Angriffe stattfinden.
- Wie oben, aber es müssen mindestens sieben Schnellangriffe durchgeführt werden.
- Wie oben, jedoch müssen 5 Schnellangriffe hintereinander stattfinden.
- Spiel 6 gegen 6 nach Tischtennisregeln.
- Spiel 6 gegen 6, jede Mannschaft ist jeweils ein Satz in dem Komplex K I.

Abwehrsysteme (Blockabwehr)

Taktische Blockvarianten

Man-Block: Einem bestimmten Angreifer werden ein oder mehrere Blockspieler fest zugeordnet; ihre Hauptaufgabe besteht darin, diesen Angreifer zu blockieren.

Switch-Block: 2 Blockspieler spielen Man-Block gegen Kombinationsangriffe, der dritte Blockspieler versucht, einen Doppelblock gegen den tatsächlichen Angreifer zu bilden.

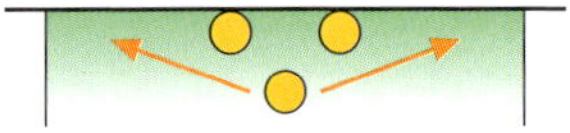

Fake-Block: Der Blockspieler bereitet sich zum Block vor und täuscht den Block an; im letzten Moment springt er nicht mit, sondern zieht sich zu einer Abwehrhandlung zurück.

Read-Block: Der Mittelblockspieler springt nicht mit dem Schnellangreifer mit, sondern erst, nachdem der Pass gespielt wurde.

Innenstartposition: Die Blockspieler suchen ihre Ausgangsposition zum Zeitpunkt des Zuspiels zur Mitte hin verlagert.

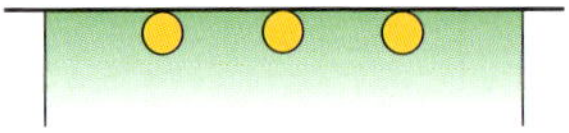

Außenstartposition: Die Blockspieler suchen ihre Ausgangsposition zum Zeitpunkt des Zuspiels nach außen verlagert.
Es kann ebenso variiert werden (Pos. II Außenstart, Pos. IV Innenstart).

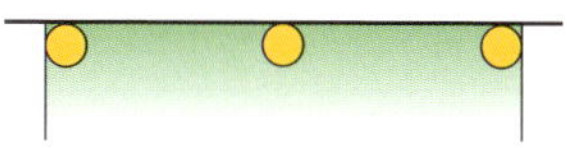

Taktische Abwehrvarianten

Die Bewegung in der Abwehr erfolgt immer von vorne nach hinten. Die Spieler müssen zunächst ein taktisches Konzept zum Abwehrverhalten gegen die Schnellangriffe entwickeln und erst danach ein Konzept gegen die Angriffsbälle außen (Pos. IV und II) oder die Hinterfeldangriffe (A, B, C).

Übungs- und Spielformen zum Erlernen und Festigen der Schnellabwehr und Positionsabwehr

- Die Positionen der Abwehrspieler markieren, die vom Trainer oder Spieler (steht auf einem Kasten auf Pos. III) angegriffenen Bälle abwehren und wenn möglich Gegenangriff aus dem Hinterfeld ausführen. Die Dreiergruppe, die aus 10 angegriffenen Bällen die meisten Gegenangriffe schafft, wird Sieger dieses Wettbewerbs. Die Verlierer müssen Zusatzaufgaben absolvieren.
- Wie oben, aber die Angreifer greifen die vom Trainer geworfenen Aufsteigerbälle an.

④ **Doppelblock außen mit zurückgezogener Position VI**

▮ Wie oben, allerdings greifen die Angreifer Aufsteiger und 2-m-Schuss an.

▮ Wie oben, jedoch greifen die Angreifer die vom Zuspieler zugespielten Bälle (Aufsteiger vorne, hinten und 2-m-Schuss) an.

Am Anfang sollten die Bälle gelobbt oder leicht geschlagen werden, dann hart in den Abwehrbereich der einzelnen Spieler und anschließend freies Spiel Angriff gegen Abwehr.

Erlernen der Umstellung Schnellabwehr – Positionsabwehr

▮ Die Positionen der Abwehrspieler (Schnellabwehr, Positionsabwehr) markieren und sehr schnell die markierten Positionen einnehmen. Die Dreier-Gruppe, die in einer von ihr gewählten Zeit (konditionelles Trainingsziel) die Markierungen perfekt erreicht, ist Sieger dieses Wettbewerbs.

▮ 2 Angreifer (Pos. III und IV) stehen auf Kästen und greifen abwechselnd an:

➤ Position VI, Abwehr verstärkt die Diagonale

➤ Position VI, Abwehr verstärkt die Linie

➤ Position VI, Abwehr vorne

▮ Wie oben, allerdings 2 Angreifer (Pos. III und II).

▮ Wie oben, jedoch 3 Angreifer (Pos. III, IV und II).

▮ Spiel 3 Angreifer und Zuspieler gegen 3 Abwehrspieler.

▮ Wie oben, aber die Abwehrspieler spielen mit Aufschlag.

Taktische Block- und Abwehrformationen

Block und Feldabwehr sollen als zwei sich ergänzende defensive Spieltechniken gesehen werden mit dem Ziel, den gegnerischen Angriff zu entschärfen, um einen Gegenangriff aufbauen zu können. Die Kommunikation zwischen Block und Feldabwehr muss sehr gut funktionieren. Die Zeichen aus dem Beachvolleyball wurden auch in der Halle übernommen.

Die Außenblockspieler zeigen, dass sie Linie blocken werden, entsprechend verstärkt die Abwehr die Diagonale.

① **Blockspieler blocken Linie, Abwehrspieler orientieren sich diagonal**

② **Blockspieler blocken diagonal, Abwehrspieler orientieren sich in die Linie**

Die Außenblockspieler zeigten, dass sie diagonal blocken werden, entsprechend verstärkt die Abwehr die Linie.
Der Mittelblockspieler signalisiert, dass er beim 1. Ball mitspringt, nachspringt oder sich auf den 2. Ball in der Kombination konzentriert; entsprechend agieren die Abwehrspieler. Außerdem kann der Mittelblockspieler die Blockrichtung, die er übernehmen wird, und die Richtung, in der er den Doppelblock akzentuieren will, anzeigen.

Die Abwehrspieler müssen diese Informationen visuell aufnehmen, verarbeiten und die entsprechende Abwehrstrategie durchführen.

Übungs- und Spielformen zum Erlernen und Festigen der Block- und Abwehrformationen

2 Mannschaften spielen gegeneinander. Der Ball wird als »Dankeball« in ein Spielfeld geworfen. Es sollen 2 bzw. 3 Punkte hintereinander erzielt werden.

- Der Ball wird immer von dem Schnellangreifer/Mittelblockspieler hoch außen gestellt. Die verfolgten Ziele sind:

➤ Spielerisches Erlernen der Block- und Feldabwehr in allen Variationen.

➤ Abwehr diagonal etc. gegen hohe Bälle außen.

➤ Wie oben, aber immer mit Dreierblock und Feldabwehr.

➤ Block- und Feldabwehr gegen 2 Angreifer sowie gegen 2 Vorderangreifer und einen Hinterfeldangreifer (A/B).

- Der Ball wird vom Zuspieler von Position II immer schnell und hoch außen gespielt.
- Wie zuvor, aber außen halbhoch.
- Wie oben, aber zusätzlich Hinterfeldangriff.
- Block und Feldabwehr gegen 3 Vorderangreifer.
- Der Ball wird vom Zuspieler als Läufer zu einem von 3 Angreifern gespielt, schnell auf Position III und hoch auf Position IV und II.
- Wie oben, allerdings halbhoch auf Position IV und II.
- Wie oben, jedoch mit Kreuzen der Laufwege von Positon III und II (1/4).
- Wie oben, allerdings mit Staffel nebeneinander zwischen Position III und IV (3/6)

Block- und Feldabwehr gegen 3 Vorderangreifer und Hinterfeldangriff.
Es können auch andere Spielformen benutzt werden.

Spiel nach Tischtennisregeln: Die Stammsechs befindet sich 15 Punkte lang in der Abwehrsituation und muss eine bestimmte Anzahl von Punkten erzielen (ganz normale Rotation, bloß die Stammsechs muss 15 Punkte lang in dem Komplex II spielen.
Es gibt sehr viele Möglichkeiten, die Block- und Feldabwehrstrategien spielerisch zu erlernen, allerdings sollten Trainer und Übungsleiter die Ziele immer konsequent verfolgen. Sie sollten immer Korrekturen und Lösungsvorschläge parat haben, um den Spielern zu einem höheren Niveau zu verhelfen.

Rechte Seite: ① **Nahsicherung durch den Hinterspieler** ② **Nahsicherung durch Position VI bei vorgezogener Position VI**

Sicherungssysteme

Angriffssicherung: Es gibt verschiedene Systeme: 3:2, 2:3, 4:1.

Der Zuspieler sollte immer sichern, außer bei einem sehr schnellen Spiel, wenn alle Mannschaftsmitglieder in der Luft (Sprung) sind; in diesem Fall sichert nur der Hintermann.

① **Angriffssicherung 4:1**
② **Angriffssicherung 3:2**
③ **Angriffssicherung 2:3**
④ **Blocksicherung blockfreier Spieler**

Blocksicherung: Die Blockspieler müssen in der Lage sein, den 3-m-Bereich selbst zu sichern.

Spielstrategie

Die jeweiligen takischen Verhaltensweisen beziehen sich grundsätzlich auf eine Situation, wie sie wahrscheinlich auftritt. Dabei versucht man, für möglichst viele Eventualitäten eine Lösungsmöglichkeit zu finden. Innerhalb einer Spielstrategie geht man noch einen Schritt weiter. Hier wird versucht, das Handeln des Gegners durch eine ihm aufgezwungene Situation kurzfristig und vor allem über den Verlauf eines Spiels hinweg mitzubestimmen. Dabei kann man eventuell sogar einplanen, über einen Anfangszeitraum eines Spiels hinweg Punkte zu verlieren, weil man wenig Erfolg versprechende Lösungen bevorzugt. Dafür überrascht man den Gegner dann in der entscheidenden Phase mit einer neuen Lösung.

Die Anwendung guter Spielstrategien klingt für jeden Trainer recht verlockend. Allerdings sollte man bedenken, dass es gerade bei einem Mannschaftssport wie dem Volleyball sehr viele Unwägbarkeiten gibt, die eine gute Spielstrategie behindern können. Erheblich Erfolg versprechender kann man strategisch beim Beachvolleyball arbeiten, da das Spiel viel genauer zu planen ist.

Beispiel:

Team A verfügt über einen herausragenden Angreifer. Team B versucht, ihn von der ersten Minute an mit dem Aufschlag unter Druck zu setzen, und serviert ausschließlich auf ihn. Der Plan des Trainers sieht vor, dass der Betreffende dem doppelten Druck im Verlauf des Spiels (Annahme und Angriff in allen entscheidenden Situation) nicht gewachsen ist und somit als bester Angreifer zunehmend seiner Aufgabe nicht mehr gerecht werden kann.

Eine Mannschaft versucht, ihr Angriffsspiel vorrangig über die Außenangreifer zu gestalten. In der Endphase will man den Gegner dann mit dem Einsatz der Schnellangreifer überraschen. Hier gilt es abzuwägen, ob die Überraschung beim Gegner wirklich so groß ist, dass dies das Risiko, einem lange nicht eingesetzten Spieler die Verantwortung für die wichtigen Punkte zu übertragen, rechtfertigt.

Wenn-Dann-Beziehungen im Bereich Aufschlag-Annahme	
Der Aufschläger nutzt die mannschafts- und individualtaktischen Schwächen des jeweiligen Annahmeriegels	
Aufschlagstrategie	Gegenmaßnahme der annehmenden Mannschaft
Aufschlag in die tiefen Eck- und Seitenlinienbereiche	Änderung des Annahmeriegels mit Stärkung dieses Bereichs
Aufschlag zwischen 2 oder mehreren Spielern	Genaue Klärung der Zuständigkeitsbereiche (der hinten stehende Spieler hat Vorrang)
Kurzer Aufschlag in die Vorderzone	Der vordere Schnellangreifer übernimmt den Ball im Oberen Zuspiel
Aufschlag in den Bereich eines schwächeren Annahmespielers	Der stärkere Annahmespieler übernimmt einen größeren Bereich
Aufschlag in den Bereich des stärksten Angreifers	Den Annahmebereich dieses Spielers zunehmend verkleinern
Aufschlag in den Laufweg des Zuspielers	Schnelleres Laufen bzw. Änderung des Riegels in diesem Bereich
Aufschlag stets longline (kurz/lang), um die Ballflugzeit zu minimieren	Änderung des Angriffssystems, um den Annahmespieler vom Angriff zu entlasten
Sprungaufschlag	Änderung des Annahmeriegels (mehr Annahmespieler)
Lange Flatteraufschläge aus großer Distanz	Änderung des Annahmeriegels (nur wenige Spezialisten, stets mit dem besten Annahmespieler spielen)
Erlaubte Sichtblockbildung	Geringe Änderung der eigenen Annahmeposition
Kurze oder lange Aufschläge in den Annahmebereich des Kombinationsangreifers	Änderung der Angriffstaktik (mit anderen Spielern kombinieren). Änderung des Annahmeriegels (betreffenden Spieler aus dem Riegel herausnehmen)

Wenn-Dann-Beziehungen im Bereich Zuspiel (Block-Zuspieler)	
Blockverhalten	**Zuspieltaktik**
Mittelblockspieler springt grundsätzlich im 1. Tempo mit dem Schnellangreifer mit	Spiele nur Kombinationsbälle!
Mittelblockspieler springt beim Schnellangriff nicht mit	Spiele den Schnellangreifer an!
Mittelblockspieler springt beim Schnellangriff nach (Read-Block)	Spiele den Schnellangriff sehr schnell an!
Mittelblockspieler schließt den Block außen nicht gut an	Spiele vermehrt auf die Außenpositionen!
Mittelblockspieler bevorzugt eine Richtung bei der Bewegung	Ziehe Dein Angriffsspiel konsequent über die andere Netzseite auf!
Mittelblockspieler bewegt sich mit dem Zuspieler am Netz mit	Suche stets den langen Passweg!
Ein Außenblockspieler ist ein schlechter Blockspieler (Größe oder Technik)	Spiele konsequent über diese Netzposition!
Der schwache Blockspieler verändert spät seine Blockposition (II/III/IV)	Beobachte genau die neue Position des Spielers (lass Dir evtl. von einem Mitspieler helfen) und spiele über diese Position!
Blockspieler begegnen dem Angriffsspiel mit einem Switch-Block	Spiele schnelle Pässe auf die Außenpositionen!
Blockspieler starten in Außenstartposition	Plane ein kombinationsreiches Spiel oder einen Schnellangriffe durch die Mitte!
Blockspieler starten in Innenstartposition	Spiele schnelle Pässe auf die Außenpositionen!

Wenn-Dann-Beziehungen im Bereich Angriff – Block – Feldabwehr	
Angriffsstrategie	**Defensivstrategie**
Angriff hauptsächlich über eine Position	Verstärkung des Blocks (die besten Blockspieler) auf dieser Position auf Kosten der anderen Positionen
Angriff hauptsächlich über den stärksten Angreifer	Verstärkung von Block und Feldabwehr gegen diesen Angreifer; andere Angreifer vernachlässigen
Angriff hauptsächlich in Diagonalrichtung	Verstärkung der Diagonalen durch den Block bzw. durch einen zusätzlichen Abwehrspieler
Angriff hauptsächlich entlang der Linie	Blockbildung entlang der Linie
Oftmaliger Einsatz von Lobs	Ein Abwehrspieler ist zuständig für diese Bälle (evtl. sogar Änderung des Systems)
Oftmaliges Anschlagen des Blocks auf den Außenpositionen	Aggressives Blocken (Außenschulter) oder Block entlang der Linie freilassen oder Fake-Block (spätes Weglassen des Blocks)
Der Schnellangreifer hat immer Erfolg	Mithilfe der Außenblockspieler gegen Schnellangriffe (Doppel- oder Dreierblock)
Ein anderer Angreifer hat immer Erfolg	Man-Block (evtl. Doppel) gegen diesen Angreifer und Abwehr in seiner Hauptschlagrichtung verstärken
Sehr kombinationsreiches Spiel über die Netzmitte	Evtl. Switch-Blocktaktik oder schnelles Übergeben der Angreifer bei Man-Block-Bildung
Sehr schnelle Pässe über die Außenpositionen	Außenstartblock der Blockspieler und Verstärkung der Hauptschlagrichtung in der Abwehr

Beachvolleyball-Spielstrategien

Ziel einer Spielstrategie ist es, die eigenen Stärken hervorzuheben, indem die Schwächen des Gegners ausgenutzt werden und umgekehrt seine Stärken nicht zur Entfaltung kommen zu lassen, indem die eigenen Schwächen versteckt bzw. neutralisiert werden. (PAPAGEORGIOU/SPITZLEY 1993, 236)
Zusätzlich muss im Beachvolleyball jeder Spieler die herrschenden Windverhältnisse, die Beschaffenheit des Untergrunds sowie die Lichtverhältnisse geschickt für die eigene Mannschaft ausnutzen.

Aufschlagstrategie

Bei der Wahl der Aufschlagtechnik und des Aufschlagziels sollten der Wind, die Beschaffenheit des Untergrunds, die Lichtverhältnisse, der Spielstand oder die verbleibende Spielzeit berücksichtigt werden.
Die Flugkurven von Aufschlägen sind bei Gegenwind in der Regel für die Annahmespieler schwer zu berechnen und daher gefährlicher als Aufschläge mit Rückenwind; bei Gegenwind soll grundsätzlich mit mehr Risiko aufgeschlagen werden.
Sowohl bei Gegenwind als auch bei Rückenwind kann wie folgt aufgeschlagen werden:

- Float- und Jump-Serves (bei Rückenwind nur Jump-Serve-Spezialisten) werden häufig lang geschlagen, um den Gegner zu überspielen und zu langen Laufwegen im Angriff zu zwingen.
- Es kann versucht werden, den Ball in die Mitte zwischen die beiden Annahmespieler zu platzieren, um sie zu Mißverständnissen zu zwingen.
- Die Schlaghärte und -länge wird variiert, um den Gegner zur Einnahme einer falschen Ausgangsposition zu verleiten.
- Bei Gegenwind sollen Jump-Serves mit starkem Top Spin kurz in die Diagonale geschlagen werden.
- Bei Rückenwind können lange schwebende Float-Serves genau auf die Annahmespieler geschlagen werden, um sie dadurch zu überraschen, dass sich der Ball nicht senkt. Es wird darauf spekuliert, dass der Annahmespieler dem Ball nicht seitlich ausweichen bzw. zurückweichen kann.
- Bei Seitenwind werden Jump- und Spin-Serves in den Wind hinein oder vom Wind wegdrehend geschlagen, um die Annahmespieler zu Missverständnissen zu verleiten. Es werden ebenfalls kurze Jump-Serves in die Diagonale geschlagen.

Bei der Wahl des Aufschlagziels wird grundsätzlich gegnerbezogen aufgeschlagen:

- Aufschläge immer in den Bereich des Spielers, der momentane Annahmeschwächen offenbart.
- Aufschläge in den Bereich des schlechteren Angreifers oder des Angreifers, der dem eigenen Block und der Feldabwehr am besten liegt.

- Momentane Schwächen eines gegnerischen Zuspielers zu erkennen und auszunutzen versuchen, indem der Aufschlag immer in den Bereich des anderen Spielers gemacht wird, um den Schwächeren zum Zuspiel zu zwingen.
- Den Annahmespieler, der schon längere Zeit nicht annehmen musste, mit einem Aufschlag zu überraschen versuchen.
- Wenn ein Spieler Fehler im Zuspiel oder Angriff macht, dann sofort einen Aufschlag in den Bereich dieses Spielers platzieren; es wird auf Folgefehler durch mangelnde Konzentration spekuliert (der Spieler ärgert sich noch über den vorherigen Fehler).
- Wenn ein Annahmespieler Angriffsprobleme bei kurzen oder langen Aufschläge hat, sollte versucht werden, immer in seine Problemzonen aufzuschlagen.

Annahmestrategie

Die Annahmespieler sollten immer auf ihrer stärkeren Spielfeldseite (rechts – links) annehmen; wenn beide Annahmespieler auf beiden Seiten gleich stark sind, kann sich die Spielfeldseite nach den persönlichen Angriffsvorlieben richten.

- Die Spielfeldmitte ist vom diagonal zum Aufschlagspieler stehenden Annahmespieler oder vom augenblicklich psychisch stärkeren Annahmespieler zu übernehmen.
- Annahmerichtung, -höhe und -länge richten sich nach den Stärken des Zuspielers.
- Wenn der Gegner immer in den Bereich eines Annahmespielers aufschlägt, sollte der andere Annahmespieler einen größeren Annahmebereich übernehmen, um einerseits diese Aufschlagstrategie zu erschweren und andererseits den Aufschläger dazu zu bewegen, den Aufschlag in seinen Bereich zu machen.

Zuspiel- und Angriffsstrategien

- Beim Zuspiel und Angriff ist es angebracht, eher von individualtaktischen Handlungen und weniger von Strategien zu sprechen.
- Das Zuspiel richtet sich nach den technischen Fähigkeiten der Zuspieler und den Stärken und Schwächen des angreifenden Partners.
- Die Wahl der Zuspieltechnik hängt neben den Vorlieben des Zuspielers entscheidend davon ab, ob er rechtzeitig die optimale Position einnehmen kann.
- Ebenso wichtig wie die Kommunikation per Handzeichen bei der abwehrenden Mannschaft ist die akustische Verständigung bei der angreifenden Mannschaft.
- Der Zuspieler beobachtet Block und Feldabwehr des Gegners und informiert seinen Partner nach einem akustischen Code (Linie oder Diagonalschlag, Angriff ohne Block, Cut- und Drive-Richtung).
- Der Angreifer agiert nach seinen individualtechnischen und konditionellen Fähigkeiten und entsprechend dem gegnerischen Blockspieler sowie der erhaltenen akustischen Information.

- Bei weit gestellten Bällen, die vom Gegner nicht geblockt werden, sollte immer in den Bereich des schwächeren Abwehrspielers angegriffen werden.
- Der Angriff auf ein akustisches Signal hin kann nur dann Erfolg versprechend durchgeführt werden, wenn im Training diese Situation oft genug geübt wurde und der Angreifer in der Lage ist, die Informationen in die Tat umzusetzen.

Block- und Feldabwehrstrategien

Sind beide Spieler in Block- und Feldabwehr gleichermaßen leistungsstark, wird in Block- und Feldverteidigung abwechselnd vorgegangen, das heißt, der nicht aufschlagende Spieler übernimmt die Blockaufgaben.

Ist ein Spieler im Block oder in der Feldverteidigung leistungsstärker als der andere, wird spezialisiert gespielt, das heißt, ein Spieler agiert immer als Blockspieler, der andere immer als Feldverteidiger (ermüdet der Blockspieler, kann für einige Aktionen der Feldabwehrspieler blocken).

Der Blockspieler zeigt mit seiner linken Hand an, wie er den von ihm aus gesehen linken Angreifer blockieren wird. Mit der rechten Hand zeigt er dementsprechend seinem Feldverteidiger, wie er den von ihm aus gesehen rechten Angreifer blockieren wird.

Mit einem nach unten gestreckten Finger zeigt der Spieler an, dass er den Longline-Bereich abdecken wird.
Mit zwei nach unten gestreckten Fingern wird angezeigt, dass er den Diagonalbereich abdecken wird.
Mit einer Faust wird angezeigt, dass ein Fake-Block durchgeführt, das heißt nicht geblockt wird.

Blockzeichen

- Ist der Blockspieler gleichzeitig Aufschläger, so verabredet er vorher mit seinem Feldverteidiger, wie er blockieren wird.
- Die Ausgangsposition des Feldabwehrspielers ist die Mitte des Feldes in ca. 5 m Netzentfernung. Diese Netzentfernung erlaubt es dem Feldverteidiger, kurz geschlagene Angriffe abzuwehren bzw. zu erlaufen und lang geschlagene Angriffe über Kopfhöhe abzuwehren.
- Der Feldverteidiger soll den Gegner lange im Unklaren lassen, in welchem Feldbereich er abwehren wird.

Der Abwehrspieler kann wie folgt agieren:

- Er bewegt sich kurz vor dem Angriffsschlag in den freien Feldbereich außerhalb des Blockschattens, um dort den hart geschlagenen Ball abzuwehren (Hard-Driven).
- Er bewegt sich im Moment des Angriffsschlags, um den Shot abzuwehren (innerhalb oder außerhalb des Blockschattens, kurz oder lang).

Shots werden in der Regel im Bereich des Blockschattens vermutet, Hard-Driven-Bälle im freien Feldbereich.

Die Entscheidung des Feldverteidigers für einen Feldbereich hängt von der mit dem Blockspieler abgesprochenen Strategie, ferner von seiner Antizipation und schließlich von seinen Kenntnissen über Stärken und Schwächen der gegnerischen Angreifer ab.

Kennt der Abwehrspieler die Vorlieben des Angreifers, dann sollte er vor allem bei »wichtigen Punkten« nach diesen Kenntnissen agieren.

Um den Angriffsaufbau nach einer erfolgreichen Abwehr einleiten zu können, wird laut Hömberg (S. 209) folgendermaßen verfahren:

- Der Ball wird nach leicht geschlagenen Bällen präzise in einer hohen Flugkurve (der Blockspieler soll genügend Zeit für das Zuspiel haben) in den Bereich des Blockspielers abgewehrt.
- Der Ball wird nach hart geschlagenen Bällen sehr hoch in die Spielfeldmitte abgewehrt, sodass der Blockspieler ihn erlaufen und zuspielen kann.
- Wird der Block touchiert, muss der Feldverteidiger den Ball so abwehren, dass der Blockspieler ihn sofort angreifen kann (da die Blockberührung als erste Ballberührung gewertet wird).

Block- und Feldabwehr gegen Shot

Psyche

»Der Hochleistungssport mit seinen hohen Anforderungen an die psychophysische Belastbarkeit der Sportler bedarf zur Optimierung des Trainingsprozesses der unterstützenden Hilfe von Maßnahmen, die die sportliche Leistungsfähigkeit erhöhen und die Wiederherstellung nach sportlicher Belastung unterstützen.« (Weineck, 1998, S. 613)
Diese Maßnahmen, die als Ergänzung der rein konditionellen Trainingsmethoden zu sehen sind, zielen vor allem auf drei Bereiche ab:

Psychologische Methoden als Trainingsunterstützung

Diese psychologischen Methoden sollten ausschließlich unter fachlicher Anleitung erlernt werden. Andere einfachere Möglichkeiten der Stressbewältigung sind neben den naiven Möglichkeiten (Atemtechnik etc.) das Training unter psychischem Druck.

Psychologische Methoden zur Verbesserung der Wiederherstellung und Steigerung der physischen Leistungsfähigkeit	• Autogenes Training (AT) • Entspannungstraining • Psychoregulatives Training • Motivation • Teambuilding
Psychologische Methoden zur Verbesserung des technischen Lernfortschritts	• Mentales Training (MT) • Observatives Training • Verbalisierung • Idiomotorisches Training • Verdecktes Wahrnehmungstraining
Psychologische Methoden zur Behebung psychischer Störfaktoren, die die sportliche Leistungsfähigkeit beeinflussen	• Desensibilisierung • Hypnose • Psychoregulation • Stressbewältigung

Stressbewältigung im Gespräch

Techniktraining unter psychischem Druck

Es kann nach folgenden Prinzipien durchgeführt werden:
Prinzip der Einmaligkeit: Der Spieler hat nur einen einzigen Ballkontakt oder eine einzige offensive oder defensive Aktion, die erfolgreich abgeschlossen werden muss.

Schnell-
angriff
Aufsteiger –
Kopf

schaft, die trotz dieser Benachteiligung (Provokation) gewinnen muss.

Prinzip des Punktevorsprungs: Eine Mannschaft bekommt einen Punktevorsprung, die andere Mannschaft muss das Spiel gewinnen.

Prinzip des Punktevorsprungs unter Zeitdruck: Wie oben, nur die aufholende Mannschaft hat eine Zeitvorgabe, die sie erfüllen muss, um zu gewinnen.

Prinzip der Strategieentfaltung in kritischen Situationen: Die Spieler müssen die vom Trainer geschaffene Situation mit Erfolg lösen (Spielstand 23:23, Spielstand 24:22 bei verbleibender Spielzeit von 50, 30, 10 Sek.; Rally-Point-Spiele mit Spielstand 11:11 etc. – vgl. HÖMBERG/PAPAGEORGIOU 1994, S. 315).

Prinzip der Zeitpunktvorgabe: Es wird den Spielern vom Trainer vorgegeben, mit welchem Ballkontakt sie punkten müssen.

Prinzip der Wahrscheinlichkeit (Prognosetraining): Die Spieler sollen selbst einschätzen, bei wie vielen Bällen sie in den offensiven und/oder defensiven Aktionen Erfolg haben werden (vgl. EBERSPÄCHER 1990, S. 34).

Prinzip des Aggressionsaufbaus (Provokationstraining): Der Trainer benachteiligt bewusst (provoziert) eine Mann-

Wichtig:

Das Ziel muss erreicht werden und sei es erst in den nächsten Trainingseinheiten. Allerdings sollte man immer mit Belohnungs- (wenn das Ziel erreicht wird) und Zusatzmaßnahmen (wenn das Ziel nicht in der vorgesehener Trainingseinheit erreicht wurde) arbeiten.

Kontrollphase

Ein wichtiger Schritt bei der Planung und Durchführung des Trainingsprozesses ist die Kontrollphase. Hierbei kann überprüft werden, inwieweit die gesetzten Ziele (Soll-Analyse) erreicht worden sind. Diese Kontrollverfahren ergeben dann sowohl eine Verifizierung bzw. qualitative Wertung des Trainingsprozesses, als vor allem auch wieder eine neuen Ist-Wert-Analyse, nach der neue Ziele gesetzt und später umgesetzt werden können.
»Unter Kontrollverfahren versteht man damit in der Trainingswissenschaft methodische Vorgehensweisen zur Gewinnung von Informationen über den Athleten und/oder die Trainingsdurchführung sowie deren Bedingungen zum Zwecke der Leistungssteuerung.« (Grosser/Neumaier, 1988, S. 17)

Unterschiedliche Testverfahren

Man unterscheidet vor allem objektive und subjektive Testverfahren.
In der Praxis wird der Übungsleiter nahezu das ganze Training über subjektive Tests durchführen, indem er die Spieler sowohl allgemein als auch vor allem gezielt beobachtet. Diese subjektiven Tests ergeben ein gutes Bild über einen großen Testzeitraum, sind aber dennoch oft durch Fremdeinflüsse (eigene Wertung) verfälscht. Daher ist es stets auch sinnvoll, objektive Testverfahren anzuwenden.
Objektive Tests können vor allem anthropometrische Tests, konditionelle Tests oder ergebnisorientierte Tests sein.
Allerdings können auch subjektive Tests (Trainingsbeobachtung) objektiviert werden, wenn einige Kriterien erfüllt werden:

- Die beobachteten Merkmale müssen für das Trainingsziel relevant und beobachtbar sein.
- Die Beobachtungskriterien müssen genau definiert werden und unter konstanten Rahmenbedingungen erfüllt sein.
- Der Beobachter muss stets normiert beobachten und geschult sein.
- Eine Abstufung von Wertigkeiten sollte mindestens 4 Stufen enthalten.
- Die Tests müssen in regelmäßigen Abständen wiederholt werden.

Im Volleyball sind vor allem Leistungsstandanalaysen der eigenen bzw. auch der gegnerischen Mannschaft von Bedeutung.

Anthropometrische Tests: Körpergröße, Reichhöhe, Körpergewicht, Armspannweite, Körperfettgehalt.
Konditionelle Tests: Schnelligkeitstests: 9-3-6-3-9-Lauf, 10-m-Sprint, volleyballspezifischer Schnelligkeitstest.

- Ausdauertests: Coopertest, Conconitest.

Aufschlag			
–	/	0	+
Direkter Fehler	Regelgerechter Aufschlag ohne Wirkung (gegnerischer Zuspieler kann optimal zuspielen)	Aufschlag mit Wirkung (es können nicht mehr alle Angreifer eingesetzt werden)	Direkter Punkt (spätestens nach der Berührung des Annahmespielers)
Annahme			
–	/	0	+
Direkter Fehler	Annahme schlecht (es kann nur ein einziger Angreifer eingesetzt werden)	Annahme mittelmäßig (es können zwei Angreifer eingesetzt werden)	Optimale Annahme
Angriff			
–	/	0	+
Direkter Fehler	Angriff ohne Wirkung (der Gegner kann einen optimalen Gegenangriff aufbauen)	Angriff mit Wirkung (der Gegner kann nicht mehr optimal einen Gegenangriff aufbauen)	Der Ball ergibt einen direkten Gewinn des Spielzugs
Block			
–	/	0	+
Direkter Fehler	Wirkungsloser Block (eigener Angriff kann nicht mehr optimal fortgeführt werden bzw. der Gegner kann einen optimalen weiteren Angriff aufbauen)	Wirkungsvoller Block (Eigener Angriff kann optimal vorgetragen werden bzw. der Gegner kann keinen weiteren optimalen Angriffsversuch aufbauen)	Der Block ergibt einen direkten Gewinn des Spielzugs
Abwehr			
–	/	0	+
Direkter Fehler	Der Ball kann nach der Abwehrhandlung weiter gespielt werden, jedoch nicht durch den Zuspieler	Der Ball kann durch den Zuspieler weiter gespielt werden, eine optimale Angriffsgestaltung ist jedoch nicht möglich	Ein optimaler Angriffsaufbau durch den Zuspieler ist möglich

Beispiel:												
	Annahme						**Angriff**					
	L1	L6	L6	S4	S3	S2	L1	L6	L5	S4	S3	S2
Georg	$+^{1}$	0^{2} $+^{3}$					$8 +_{1}$					
Klaus								$9 /^{2}$				
Stefan								$2 +_{3}$				

Krafttests: Maximalkrafttests der funktionalen Muskulatur mittels Kraftmessmethoden (Kraftmessplatte, Isokinetische Geräte).
Beweglichkeitstests: Gelenkbeweglichkeitstests, muskuläre Dehnbarkeitstests.
Leistungsdiagnostik: Fast nur von den Olympiastützpunkten bzw. sehr guten Rehabilitationszentren durchführbar.
Koordinative Tests: Kastenlauf, Bumeranglauf, Kraft-Koordination-Parcours, Japan-Test.
Techniktests: Einfache erfolgsorientierte technische Testverfahren in isolierten Übungsformen (z.B. Aufschlag auf einen Spieler, der zum Zuspieler annehmen muss, der in einem begrenzten Raum steht; wird der Ball gefangen, werden Punkte verteilt).
Biomechanische und qualitative Bewegungstests (durch computerunterstützte Videoanalysen, z.B. SIMI-Motion).

Komplexe Spielleistungstests (s. Beobachtungsbogen).
Beobachtungsbogen: Leistungsanalyse der eigenen Mannschaft.

Innerhalb eines Spiels (Training oder Wettkampf) werden alle Aktionen eines jeden Spielers protokolliert und später dann ausgewertet.
Dabei wird generell in 4 Gütekategorien unterschieden (s. Tabelle links).
Die Art der Aufzeichnung muss individuell gewählt werden (s. Tabelle oben).
Die Wertung (+, o,/und -) erfolgt wie oben beschrieben. Eine hoch gestellte Zahl bezeichnet die Nummerierung des Spielzuges (1 = 1. Aktion etc.). Eine tief gestellte Zahl vor der Qualität bezeich-

	Aufschlag	**Block**	**Abwehr**	**Gegenangriff**
Georg	$+^{1} /^{2}$		$+^{2}$	
Klaus		$/^{2}$		
Stefan				$8 +^{2}$

net beim Angriff die Passart (s. Tabelle auf Seite 125 unten).

Die Wertung erfolgt ähnlich wie in der ersten Tabelle.
Die Darstellung der Tabellen muss den jeweiligen individuellen Bedürfnissen des Beobachters angepasst werden. Wichtig sind sowohl das schnelle Erkennen von Effektivitäten als auch von Zusammenhängen der Spielhandlungen. Außerdem kann leicht die Spielstrategie der jeweiligen Mannschaft überprüft bzw, erkannt werden.

Ebenso können Beobachtungsbogen auch auf hauptsächlich grafischer Darstellung basieren.

Es werden alle Läufersituationen eingezeichnet. Die Annahme wird mit den vorher beschriebenen Qualitätsmerkmalen (+/o/-) und der Aktionsnummer (1, 2, 3, 4 etc.) gekennzeichnet. Der Angriff und die Angriffsrichtung werden mit einem Pfeil eingezeichnet. Am Ende des Pfeils werden die Qualität des Angriffs und die Aktionsnummer eingetragen. So können auch »Wenn – Dann«-Beziehungen aufgebaut werden.
Beispiel: Läufer I; der Aufschlag wird von Spieler Nr. 5 als erste Annahmeaktion sehr gut angenommen (+); aus dieser Annahme wird der Ball vom Zuspieler auf den Spieler Nr. 4 gespielt, der den Ball erfolgreich als ersten Angriff diagonal abschließt.

Spielbeobachtung

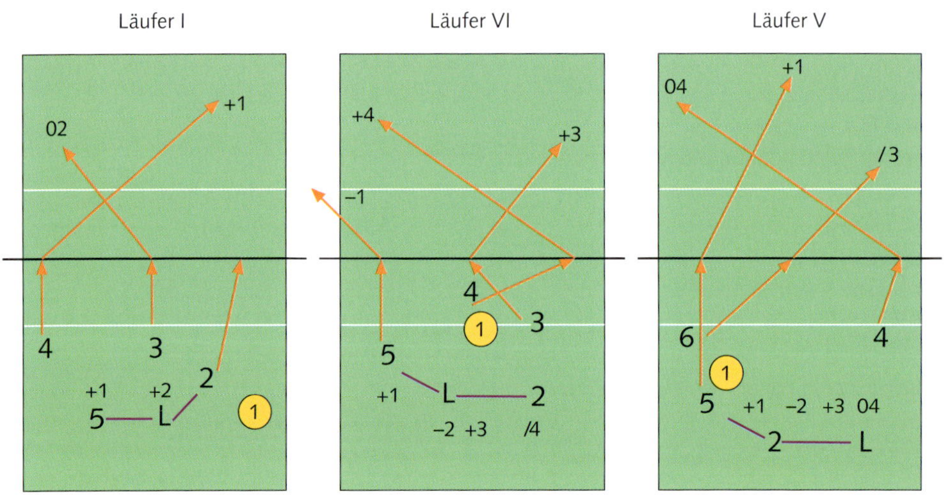

Literatur

Bachmann, E.: *1005 Spiel- und Übungsformen im Volleyball*; Hofmann, Schorndorf, 1998 (8).

Christmann, Erich: *Handbuch für Volleyball*. Rowohlt, Hamburg, 1995 (5).

Dannenmann, Fritz (Red.): *Verteidigung im Volleyball* – CEV-Trainer-Symposium in Berlin; Deutscher Volleyball-Verband, Frankfurt, 1992.

Dannenmann, Fritz (Red.): *Belastung im Volleyball* – FIVB-Trainer-Symposium in Bremen; Deutscher Volleyball-Verband, Frankfurt, 1995.

Deutscher Volleyball-Verband: *Internationale Volleyball-Spielregeln*; Hofmann, Schorndorf, 1999 (36).

Dietrich, Martin: *Handbuch Trainingslehre*; Hofmann, Schorndorf, 1993 (2).

Eberspächer, Hans: *Sportpsychologie*; Rowohlt, Hamburg, 1993.

Eberspächer, Hans: *Mentales Training*; Sportinform, Oberhaching, 1995 (3).

Frey, Günter: *Einführung in die Trainingslehre (Teil 1)*; Hofmann, Schorndorf, 1994.

Frey, Günter: *Einführung in die Trainingslehre (Teil 2)*; Hofmann, Schorndorf, 1996.

Friederichs, Ton (Red.): *Volleybal – Cursusboek Trainer-B*; NeVoBo, Woerden, 1993.

Frohreich, Harald: *Volleyball spielend trainieren*; Sportverlag, Berlin, 1992.

Fröhner, Berthold: *Spiele für das Volleyballtraining*; Sportverlag, Berlin, 1985.

Geiger, Urs: *Muskeltraining mit dem Thera-Band*; BLV, München, 1997.

Grosser, Manfred: *Kontrollverfahren zur Leistungsoptimierung*; Hofmann, Schorndorf, 1988.

Grosser, Manfred: *Training der konditionellen Fähigkeiten*; Hofmann, Schorndorf, 1994 (2).

Hahn, Erwin: *Psychologisches Training im Wettkampfsport*; Hofmann, Schorndorf, 1996.

Herzog, Karl: *Volleyball-Training – Grundlagen und Arbeitshilfen*; Hofmann, Schorndorf, 1985.

Hessischer Volleyball-Verband (Hrsg.): *Handbuch zur C-Trainer-Ausbildung*; HVV, Frankfurt, 1992.

Hochmuth, G.: Biomechanik sportlicher Bewegungen; Sportverlag, Berlin, 1974.

Hömberg, Stefan: *Technik und Taktik des Sportspiels Beach-Volleyball*; Diplomarbeit, Deutsche Sporthochschule, Köln, 1993.

Hömberg, Stefan / Papageorgiou, Athanasios: *Handbuch für Beach-Volleyball*; Meyer & Meyer, Aachen, 1997 (2).

Kaszas, Kim: *Beachvolleyball – Technik, Taktik, Kondition*; BLV, München, 1997.

Kern, Jan: *Taktik im Sport*; Hofmann, Schorndorf, 1989.

Kortmann, Olaf: *Moderne Abwehrtechniken im Volleyball*; IAT, Leipzig, 1996.

Lenhardt, P: *Funktionelles Bewegungstraining*; Gesundheits-Dialog, Oberhaching, 1995 (5).

Letzelter, Helga: *Krafttraining*; Rowohlt, Hamburg, 1986.

Martin, Dietrich / Carl, Klaus / Lehnertz, Klaus: *Handbuch Trainingslehre*; Hofmann, Schorndorf, 1993 (2).

Meier, Hape: *Medizinische Trainingstherapie in der Praxis*; Medicon, Mühlhausen, 1997.

Meyndt, Peter/Peters, Horst/Schulz, Arno/Warm, Michael: *Der Volleyballtrainer*; Bayerischer Volleyball Verband, München 2001.

Meyndt, Peter: *Krafttraining im Volleyball*, Studienbegleitende Arbeit; Trainerakademie, Köln, 1992.

Meyndt, Peter: *Geschichte, Technik, Taktik, Literatur*; In: Bayern-Volleyball, Mai, München, 1994.

Meyndt, Peter: *Konsequenz als Ziel*; In: Deutsche Volleyball-Zeitschrift – September, Münster, 1998.

Papageorgiou, Athanasios: *Handbuch für Volleyball Grundlagenausbildung*; Meyer & Meyer, Aachen, 1995 (3).

Papageorgiou, Athanasios: *Leistungsvolleyball – Ausbildung zum Spezialisten*; Meyer & Meyer, Aachen, 1996 (2).

Starischka, Stephan: *Trainingsplanung*; Hofmann, Schorndorf, 1988.

Voigt, Hans-Friedrich: *Bewegungen lesen und antworten*; Ahrensburg, 1993.

Voigt, Hans-Friedrich: *betreuen, fördern, fordern*; Philippka, Münster, 1995 (2).

Warm, Michael: *Spielbeobachtung im Volleyball*, Studienbegleitende Arbeit; Trainerakademie, Köln, 1997.

Warm, Michael: *Jugend-Beachvolleyball*; Projektarbeit, München, 1997.

Weineck, Jürgen: *Optimales Training*; Spitta, Balingen, 2000 (11).

Mehr Spaß am Sport

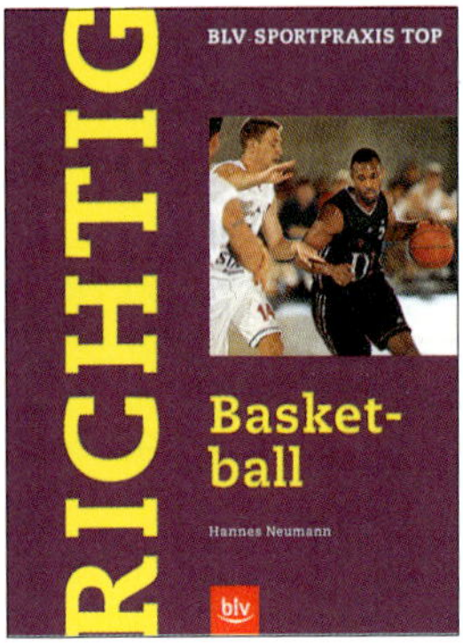

BLV Sportpraxis Top
Hannes Neumann
Richtig Basketball
Action pur – der Mannschafts-Trendsport: alles über Ausrüstung, Grundregeln, Spieltechniken, Taktik, Trainingsplanung und -gestaltung.

BLV aktiv + gesund
Urs Geiger / Caius Schmid
Muskeltraining mit dem Thera-Band
Benutzung, Eigenschaften, therapeutische und leistungsorientierte Anwendung, Übungsintensität, Programme für Arme, Rumpf und Beine.

BLV Sportpraxis Top
Georg Ladig / Frank Rüger
Richtig Inline-Skating
Ausrüstung, Gesundheit und Risiko; Fahrtechnik: Kurvenfahren und Bremsen; Skating-Disziplinen; empfohlen vom Deutschen Inline-Skate Verband e.V.

BLV Sportpraxis Top
Jürgen Kemmler
Richtig Carven
Die neue Lust am Skifahren – Carving für Anfänger und »Umsteiger«: Kondition, Skitechnik, paralleles Schwingen, Varianten der Skitechnik und Hohe Schule im Gelände, kleine Lawinenkunde.

BLV Sportpraxis Top
Manfred Grosser / Hans Ehlenz / Rainer Griebl / Elke Zimmermann
Richtig Muskeltraining
Trainingstheorie, Trainingsmethodik, Ausrüstung, Trainingsprogramme; Prinzipien des Bodybuilding: Basis- und Hochleistungstraining.

BLV Sportpraxis Top
Urs Gerig / Thomas Frischknecht
Richtig Mountainbiken
Alles über das Biken als idealer Fitness- und Gesundheitssport: Grundlagen, Ausrüstung, Fahrradtypen, Fahrtechnik, Training, Trainingspraxis, Gesundheit.

Im BLV Verlag finden Sie Bücher zu den Themen: Garten und Zimmerpflanzen • Natur • Heimtiere • Jagd und Angeln • Pferde und Reiten • Sport und Fitness • Wandern und Alpinismus • Essen und Trinken

blv

Ausführliche Informationen erhalten Sie bei:

BLV Verlagsgesellschaft mbH • Postfach 40 03 20 • 80703 München
Tel. 089 / 127 05-0 • Fax 089 / 127 05-543 • http://www.blv.de